人生の鍵シリーズ

無限供給の鍵

谷口雅春［編著］

光明思想社

編者はしがき――不況を克服する鍵はどこにあるか

本書は、米国ユニティ協会の開祖、チャールズ・フィルモアの代表的著作の一つである〝Prosperity〟「繁栄論」にもとづいて、無限供給の原理を谷口雅春先生がわかりやすく編著されたものである。昭和二十七年に初めて出版されて以来、多くの読者に好評を博したことから、昭和四十一年から「人生の鍵シリーズ」として改装出版された全五巻においても、谷口雅春先生は本書を第一冊目に選ばれている。

このたび、装いも新たに出版したのは、現在の〝百年に一度の不況〟と云われている状況下において、書名の通り、「無限供給の鍵」を得ることによって不況を克服し、真の繁栄を招来《しょうらい》したい、と考えたからである。

そもそも現在の「アメリカ発」といわれている不況の最大の要因は何であろうか。いみじくも谷口雅春先生は本書の「はしがき」で次のように説かれている。

今、日本の実業界は不況になやんでいる。それは相手を競争で打ち負かしたら自分の企業が栄えるのだという「奪う精神」で争っているからである。しかし永遠の繁栄は「与えよ、さらば　与えられん」の法則を実行することによって得られるのである。

例えばアメリカのリーマンブラザーズやGM、クライスラーなどの破綻《はたん》の背景には、拝金思想に基づいてマネーを増やすことだけを考えて経営してきた「奪う精神」がある。そして「奪うものはまた奪われる」という法則通りに彼等は破綻《はたん》したのである。

本書によると、この「奪う精神」が出てくる本源は、この宇宙を限られた物質世界と捉《とら》える唯物的な世界観にある。この世界を有限と捉える見方から「奪う精神」が生まれ、そして多くの人々は恐怖心から自分のところだけに富を貯蔵しようとする。こうして富の無限循環が止まって欠乏状況、つまり不況が生まれるのである。

　これに対して本書で示されている新しい経済学によると、宇宙の本質は霊的なものであり、「無限供給の流れ」そのものだという。この宇宙の本質を「神の御心《みこころ》」とも呼び、この御心はわれわれに与えたくて仕方のない「愛の心」の面とそして数学の法則にも比すべき正確な「心の法則」として顕《あら》われている「智の心」の面で構成されているという。そして私たちがこの「神の御心」にピタリと一致せしめる生活、つまり一人でも多くの人々が幸福になる愛と智慧を出す「与える生活」をしていけば「与えよ、さらば与えれん」の法則通り、無限の供給を受けることが出来る、とするのである。

　より具体的には、私たちと「無限の富」の源であるところの「神の御心」とは自身の「想念」と「言葉」で結ばれている。この「想念」に「無限の富」を思い描き、常に感謝と祝福の「言葉」を使っていれば「無限の富」はいくらでも増殖していくのである。

　ところが、どんなに宇宙の本質が「無限供給の流れ」であっても、それを顕《あら》わし出す私たち自身が欠乏の「想念」をもち、不況の「言葉」を使っていたならば、その「無限供給の流れ」をあたかもホースを脚《あし》で踏むことによって水を出さなくするように止めてしまう。これが不況の正体だというのである。

神のつくり給《たま》うた世界にはすべてのものが備わって、完全に豊かであるのでありまくす。しかるに吾々《われわれ》は、自分の心でそれを限定して、無限をあらわさず有限をあらわしているのです。有限だと考えるからケチケチとため込んで置こうとしたり、なるべく節約して少ししか使わないようにしようとしたりするのです。このようなことはすこぶる危険であります。何故《なぜ》ならやがて吾々の心の中で考えた通りに金が欠乏して来るからであります。そうして吾々はどうして窮乏《きゅうぼう》したのであろう、多分政府のやり方がわるいからであろうと考えたり、戦争が責任であると考えたり、工業生産の責任に帰したり、或《あるい》は甚《はなは》だしいのは神の責任に帰したりするのでありますが、なかなかその原因が「自分自身」にあるという真実をみとめようとはしないのです。

（本書一三七～一三八頁）

編者はしがき——不況を克服する鍵はどこにあるか

現在の不況の原因が「自分自身」にあるとすれば、その克服方法は簡単である。本書で示されているように、まず自分自身の「想念」と「言葉」を変えればよいのである。

本書を熟読されることにより、読者は宇宙の本質が「無限供給」そのものであり、それを「神の子」の自分の心に従っていくらでも顕《あら》わすことができることを学ぶとともに、人間はいたずらに私利私欲をむさぼって、物を取ってこれを金庫の中に死蔵する事がいかに愚かなことであるか、気がつかれるであろう。

そして「与えよ、さらば与えられん」の黄金律を「什一《じゅういち》献金」などを通して実践するとき、無限の供給の流れがそれこそ、川の流れのようにあふれるように湧き出てくることに驚かれるであろう。

つまり、真の無限供給を実現するか、それとも現在のような不況を招くかの「鍵」は、要するに「自分自身」にあるというのが本書の結論なのである。

その意味で本書は、事業に携《たずさ》わっている人はもとより、真に豊かな幸福生活を実現したいと願っている方にも是非、自己啓発のための〝座右の書〟として繰り返し読まれることをお勧めしたい。本書の出版により、一人でも多くの方が「無限供給の鍵」を体得・使用せられて、必要なものが必要な時に自然と与えられるという「無限供給」の扉を勇敢に開かれることを願ってやまない。

平成二十一年六月一日

谷口雅春著作編纂委員会

はしがき

今、日本の実業界《じつぎょうかい》は不況《ふきょう》になやんでいる。それは相手を競争《きょうそう》で打ち負かしたら自分の企業《きぎょう》が栄えるのだという「奪う精神」で争っているからである。しかし永遠の繁栄《はんえい》は「与えよ、さらば与えられん」の法則《ほうそく》を実行することによって得られるのである。

チャールズ・フィルモアは米国ユニティ協会の開祖《かいそ》であるが、彼の説く新しき経済学《けいざいがく》は、生長《せいちょう》の家《いえ》（註・本書の編著者が啓示を得て、昭和五年三月一日に創刊した月刊誌「生長の家」をもって始まる。「人間神の子」「万教帰一」「唯神実相」を根幹とし、人類光明化運動・日本国実相顕現運動を提唱）で説く無限供給《むげんきょうきゅう》の黄金律《おうごんりつ》とほとんど全《まった》く一致しているのである。その他あらゆる点に於《お》いてユニティ協会の活動は新しき万教帰一宗教運動《ばんきょうきいつしゅうきょううんどう》であるところの「生長の家」にきわめて類似《るいじ》しているのである。私が一昨々年アメリカ巡錫《じゅんしゃく》旅行に際しての白人に向っての講演は、概《おお》ね各都市にあるユニティの教会が門戸《もんこ》をひらいて会場を貸していただくことによって可能となったのである。それは教えが非常によく似《に》ているからである。その意味に於《お》いて、私はここにチャールズ・フィルモア氏の代表的著作《ちょさく》の一つである"Prosperity"「繁栄論《はんえいろん》」と題する書物にもとづいて、繁栄と致《ち》富《ふ》の原理をわかりやすく解説したいと思うのである。

フィルモアの「繁栄論」の中でとくに注目に価《あたい》するのは、「与えよ、さらば与えられん」という宇宙の大真理の具体的実行法《ぐたいてきじっこうほう》として、「什一献金《じゅういちけんきん》」をとりあげ、この実行を極《きょく》力奨励《りょくしょうれい》していることである。実際ユニティ協会の運営方法として、フィルモア氏はこの「什一献金《じゅういちけんきん》」にもとづく「自由献金制度」を採用《さいよう》しているのであって、この「什一《じゅういち》献金《けんきん》」により、どれだけ多くの人々が実際に救われ、貧窮《ひんきゅう》より富裕《ふゆう》へと導かれたかはかり知れないものがあるのである。いかなる名論卓説《めいろんたくせつ》といえども、「それは不可能である」「常識に反する」等《など》の一語《いちご》ではねつけてかえりみなかったならば、実際の効果《こうか》はあがらず、幸福なる繁栄をもたらすことは出来ないのである。今までの拝金思想《はいきんしそう》や唯物思《ゆいぶつし》想《そう》やプロレタリヤとブルジョアとの対立の世界観《せかいかん》にとじこもっていた人々は、「この宇宙には無限の富《とみ》がある」という一大宣告《いちだいせんこく》を不可解《ふかかい》であると思われるかもしれないのである。しかし今までの行きづまった世界を打開《だかい》する唯一《ゆいいつ》の道は、この真理に目ざめて、新しき生活態度を打ち樹《た》てるところにあるのである。すべての革命的宣言《かくめいてきせんげん》は、当初多くの人々から異端邪説視《いたんじゃせつし》されたのである。コペルニカスの地動説《ちどうせつ》（註・それまで常識とされた、すべての天体が地球の周りを回っているとする天動説に対して、十六世紀、ニコラウス・コペルニクスが地球が太陽の周りを回っているとの説を唱えた）がそうであったり、相対性原理《そうたいせいげんり》（註・それまでのニュートン力学に対して、二十世紀初頭、アルベルト・アインシュタインが新たな物理学理論を唱えた）もまたそうであった。しかし心ある諸君は一刻も早く、月が東の山より登り西の海に没《ぼっ》するのであるという如《ごと》き「五感《ごかん》の迷妄《めいもう》」に基礎を置く世界観《せかいかん》から脱却《だっきゃく》しなければならないのである。そうして一刻も早く、真に無限に豊かなる幸福生活を実証《じっしょう》されることがのぞましいのである。「目に見える物質《ぶっしつ》がある」と考える人々は「月が東の山から登るように見えるから東の山から登るのだ」と信じた古代人《こだいじん》との相異《そうい》がない。

私は読者がこの『無限供給《むげんきょうきゅう》の鍵《かぎ》』を繰返《くりかえ》し繰返し読んで心境《しんきょう》を一変せられれば、屹《きっ》度《と》、豊かな天与《てんよ》の宝庫を開かれることを信じて疑わないのである。今度、〝人生の鍵シリーズ〟が日本教文社から出るにのぞんでその第一冊にこの書を選んだのもそのためである。

昭和四十一年六月十日

編著者《へんちょしゃ》識《しるす》

無限供給の鍵　目次

編者はしがき
はしがき
一、宇宙の根柢《こんてい》は霊的実体《れいてきじったい》であり無限である　9
二、富《とみ》を指導する霊智心《れいちしん》　21
三、信仰《しんこう》によって現象《あらわれ》は左右さる　33
四、人間は神の心の出入口《でいりぐち》である　45
五、無限供給《むげんきょうきゅう》を支配する法則《ほうそく》　57
六、心に描いた富《とみ》が形にあらわる　71

七、家庭の繁栄《はんえい》 81
八、繁栄《はんえい》への道・什一献金《じゅういちけんきん》 91
九、報《むく》いを求めず与えること
——什一献金の原理と方法—— 103
十、正しく与えよ、さらば豊かに受けけん 113
十一、財宝《ざいほう》を貯《たくわ》える事 129
十二、欠乏《けつぼう》の想《おも》いを克服《こくふく》せよ 143
祈りの言葉・聖書の言葉
総索引

凡例

一、本書は昭和四十一年七月十日発行の改装初版『無限供給の鍵』（人生の鍵シリーズ1）を底本とした。

一、底本は正漢字・歴史的仮名遣いであるが、本書では、一部例外を除き、常用漢字・現代仮名遣いに改めた。振り仮名に関しても、一部例外を除き、現代仮名遣いに改めた。

一、現在、代名詞、接続詞、助詞等で使用する場合、ほとんど用いられない漢字は平仮名に改めた。

一、本文中、誤植の疑いがある箇所は、他の聖典等を参照し、適宜改めた。

一、本文中、意味や内容に関して註釈が必要と思われる箇所は註として括弧を入れた。

一、宇宙の根柢《こんてい》は霊的実体《れいてきじったい》であり無限である

ユニティ協会の開祖《かいそ》であるチャールズ・フィルモアが説く「如何《いか》にせば繁栄《はんえい》することが出来るか」という無限供給《むげんきょうきゅう》の原理《げんり》は、古き経済学《けいざいがく》に替《かわ》る新しき経済学の基盤《きばん》となるものであって、きわめて注目すべき論文《ろんぶん》であります。そこで、これを解説《かいせつ》するに当って、その根本真理《こんぽんしんり》は何であるかという事を一口《ひとくち》に言うならば、

『「神の心」が唯一《ゆいいつ》の実在《じつざい》であり、吾々《われわれ》の心を神の心とピッタリ一致せしめてそらさないならば、強大なる力が吾々《われわれ》の内に盛り上《あが》って来るのである。』

というきわめて明瞭《めいりょう》な原理《げんり》であります。今や科学《かがく》は生命の根源《こんげん》に物質《ぶっしつ》があるとは説かなくなったのです。空気でも生命的な力をもって生きているのであり、その力は人間に理解され利用されることを待ちのぞんでいるのであって、そこには霊妙不可思議《れいみょうふかしぎ》にして不可視《ふかし》なるエネルギーが遍満《へんまん》しているのであるということを、科学は証言《しょうげん》しつつあるのです。或《あるい》は空間にはエーテルが充満《じゅうまん》しているとも言われていて、(勿論《もちろん》このエーテルは仮説的《かせつてき》のもので結局「無《む》の渦巻《うずまき》だ」という事になったのであるが)この中に含まれている無限のエネルギーはまだ開発されていないのであります。いかに科学が発達し

たとは言っても、科学《かがく》は未《いま》だ宇宙の物語のほんの一節をやっと語りはじめたばかりであります。しかも尚《な》おあらゆる時代を通じての最大の科学的発見は何であるかというと、あらゆる物質《ぶっしつ》はこの不可視《ふかし》にして不可触《ふかしょく》なるエーテル（即ち無《む》）の中に根源《こんげん》をもつという新興物理学《しんこうぶつりがく》の発見であって、これは言いかえれば、「物質は無である」という事であり、或《あるい》は又「物質は霊妙《れいみょう》なるエネルギーである」という事であります。そこで宇宙の根柢《こんてい》には霊的実体《れいてきじったい》がある、これをイエス・キリストは「天国」と呼んだのです。天国とは一箇所《いっかしょ》の遠くはなれた場所ではなく、あそこも此処《ここ》も天国であります。であるからイエスは「天国」という時複数形《ふくすうけい》の言葉を使っておられるのであるとフィルモアは説《と》いているのであります。

さてここでフィルモアは宇宙の実体《じったい》は霊妙《れいみょう》なる「天国」又は「神の国」又は「神の心」であるという事を説いたのであるが、この霊的実体《れいてきじったい》からあらゆるものが出てくるのであって、そのとき如何《いか》なるものがあらわれるかは、これをあらわす人の心《こころ》次第《しだい》であると述べているのであります。即ち吾々《われわれ》が要求《ようきゅう》しただけのものが現象界《げんしょうかい》にあらわれるのであるから、「形あるもの」をあらわす創化《そうか》の原型《げんけい》は吾々《われわれ》の「想念《そうねん》」と「言葉」であるというのであります。

謂《い》わばこの霊的実体《れいてきじったい》は「神の心」と言ってもよいのであって、従ってそれ自体恵み深き心であり、与えたくて与えたくて仕方《しかた》のない愛の心であります。そこで何事《なにごと》でも信じて求めるものは必ず与えられるのであります。何故《なぜ》なら、「与えること」が霊的実体の本質《ほんしつ》であるからです。それ故《ゆえ》この普遍《ふへん》なる実体に、「信仰の言葉」をそそぐならば、如《い》何《か》なるものでも与えられるのであります。即ちあなたの思考《しこう》エネルギーを「富《とみ》」の観念《かんねん》の上にふりむけるならば、あなたはかならず「富」を与えられるのであります。

神は実体である。けれどもこの実体という意味は、決して神は物体であるという意味ではないのです。それならばむしろ神は無実体であると言いかえてもよろしい。神は形に制約《せいやく》されないところの霊妙《れいみょう》なる実在《じつざい》であります。しからば「物《もの》」とは何であるかというと、それは「神の実体《じったい》を心的《しんてき》に制限《せいげん》せるものである」とフィルモアは説《と》いております。即ち無制限なる神の実体が、心で様々に制約された時、それが物としてあらわれて感覚されるのであります。そこで神には制限がない、したがって形もなければ制約もない、宇宙《うちゅう》普遍《ふへん》なる玄《げん》の玄《げん》なる「霊妙《れいみょう》そのもの」であります。

言いかえれば神なる実体《じったい》は形や物の背後にあるとも言えるのです。又あらゆる形の根《こん》柢《てい》であるとも言えるのであります。かかる神なる実体は五感《ごかん》を超越《ちょうえつ》しているのであります。しかしあらゆる物質《ぶっしつ》に勝《まさ》って実質的《じっしつてき》なる唯一《ゆいいつ》の実在《じつざい》であります。ヨブ（註・「旧約聖書」の「ヨブ記」の主人公）が、『全能者《ぜんのうしゃ》は汝《なんじ》のまもりとならん、汝《なんじ》は多くの銀をもつべし』と言ったその銀とは、かかる宇宙に遍満《へんまん》する実体の表現《あらわれ》に他《ほか》ならないのであります。

この霊的実体《れいてきじったい》を吾々《われわれ》は吾々《われわれ》の宣言した通りの相《すがた》にあらわして行くのであります。ですから吾々《われわれ》は非常に重要な立場に置かれているのです。この宣言《せんげん》は勿論《もちろん》、或時《あるとき》には意識的《いしきてき》に行われるが、或《あ》る時には無意識的《むいしきてき》に（潜在意識的《せんざいいしきてき》に）行われるのであります。即ちあらわれは吾々《われわれ》の心（潜在意識及《およ》び現在意識《げんざいいしき》）によって自由自在《じゆうじざい》に表現されるのであります。

あなたは呼吸する空気に不足する事はない。空気はありあまる位《くらい》地球上に存在《そんざい》しているのですが、もしあなたが鼻を閉《と》じたりのどを閉じたりして呼吸することを拒《こば》むならば、たちまち空気を吸うことが出来なくなって、空気の「欠乏《けつぼう》」になやむのです。しかしあなたが空気が沢山《たくさん》あるという事をみとめて、深呼吸《しんこきゅう》すれば、どれだけでも大きく豊かに空気を吸い込むことが出来るのです。これは空気を吸うことばかりではなく、あらゆることについて真理であります。この地球上には本来空気がありあまっていて、いくらでも呼吸しようと思えば呼吸出来るように、あらゆる物はいくらでも吾々《われわれ》の手に入るように準備されているのであります。何故《なぜ》なら宇宙の霊的実体《れいてきじったい》は無限であって、ここから人間はいくらでも心に画《えが》いた通りの「豊《ゆたか》さ」を汲《く》みとることが出来るからであります。唯一《ゆいいつ》の欠乏《けつぼう》は、吾々《われわれ》の「利用の欠乏」であります。

イエスが『富める者の天国に入《い》ることの難《かた》きは、駱駝《らくだ》の針の孔《あな》を通るが如《ごと》し』と言われたのは、フィルモアによれば、決して富者《ふうじゃ》が天国に入《い》らずして、貧者《ひんじゃ》が天国に入《い》るのであるという意味ではなく、それは金銭《きんせん》の多寡《たか》が問題ではなくして人間が金銭について抱《いだ》いている観念が問題であり、金銭を如何《いか》なる源泉《げんせん》より得《う》るか、或《あるい》は又如何《いか》に所有《しょゆう》し、如何《いか》に取扱《とりあつか》うかという事であり、それを間違《まちが》って取扱《とりあつか》えば天国に入《い》ることが出来ないのであるという教えであると説《と》いているのであります。地《ち》にあるすべてのものを所有して、それを自分のものだと思う観念《かんねん》が変らないかぎり、如何《いか》に現在の富者《ふうじゃ》と貧者《ひんじゃ》との位置を交替《こうたい》してみても富《とみ》の不平等《ふびょうどう》は是正《ぜせい》されないのです。先ず必要なことは、人間は「神の子」であり、「神の国」なる大宇宙には全《すべ》ての人間にあり余《あま》る程供給《ほどきょうきゅう》しうる富《とみ》が充満《まんじゅう》しているのであるという根本真理《こんぽんしんり》を知ることです。そうして「全《すべ》てのものは神のものである」という事実に目覚《めざ》めるならば、人間はいたずらに私利私欲《しりしよく》をむさぼって、神物《しんぶつ》を取ってこれを金庫の中に死蔵《しぞう》する事がいかにおろかなことであるかという事に気がつくのであります。富者は彼が所有《しょゆう》するものが多いだけ、それだけその物に執縛《しゅうばく》される危険も多いのであって、そこでキリストの前述《ぜんじゅつ》のような警告《けいこく》が起るわけです。しかしこのキリストの言葉は、「現象《げんしょう》にとらわれている心」をすてて無我《むが》にならなければ天国に入《い》るを得《え》ずということを説《と》いたものであります。

如何《いか》なる物質《ぶっしつ》を所有《しょゆう》しても、それは単なる一時的な現象《げんしょう》であって、物の世界は虫くい、盗まれ、ほろぶところの有為転変《ういてんぺん》の世界であります。或《あるい》は精神的な富として才能や能力を所有《しょゆう》していても、このような高貴《こうき》な富《とみ》は物のようには滅ぶことのない富であるとは言え、しかも真に神の国に入《い》らんとする者は結局これらの重荷《おもに》をすべてなげすててしまわなければならないのであります。もし吾々《われわれ》が何ものかを熱心に求むるならば、それはいかにも成就《じょうじゅ》されるでありましょうが、しかしその得《え》た物なり力なりを自我的《じがてき》の目的に使うのであっては、窮極《きゅうきょく》の結果は悲惨《ひさん》なものとならざるを得ないのです。なぜなら、自我的な心は奪う心でありますから、真の幸福は彼から逆に奪いかえされてしまうのであります。そこで吾々《われわれ》は、吾々《われわれ》の供給源《きょうきゅうげん》が無限であるということを知って、喜んで人の必要としているものを与えるところの愛深き心を起さなければならないのであります。

たとい眼前《がんぜん》に欠乏《けつぼう》があらわれているように見えても、すべての者を豊かに満すところの霊的実体《れいてきじったい》は豊富《ゆたか》に既にあるのです。魚《うお》が水の中に住むように、吾々《われわれ》はこの神の無限に豊かなる霊的実体の中に住んでいるのであります。それを心から信ずれば、ただちに無限の供給をうけることが出来るのです。何故《なぜ》なら、心に描いた通りが現象界《げんしょうかい》にあらわれるからであり、心に無限供給《むげんきょうきゅう》の世界を描けば、無限供給が実際にあらわれて来るからであります。例《たと》えば、イエス・キリストはこの霊的実体《れいてきじったい》の豊《ゆたか》なる所有者《しょゆうしゃ》であったので、それを信じてイエスの衣《ころも》の総《ふさ》にふれた女は癒《いや》されたのでありますが、他《た》の数千人の人々はそれを信じないで、又衣《ころも》に触《ふ》れもしなかったので癒されなかったのであります。

或《あるい》は自動車が出発する時を考えると、最初はごくゆっくりスタートするが、やがて加《か》速度《そくど》が加わると、運動慣性《うんどうかんせい》のままに矢のように走りはじめるのです。それは霊的《れいてき》な力に於《お》いても同様であって、はじめは非常に小さな想念《そうねん》の力であるにしても、そこに「心の慣性《かんせい》」がつくならば、非常に強力な観念《かんねん》となることが出来るのであります。吾々《われわれ》の心の力は、神の心を吾々《われわれ》が把持《はじ》しつづける時、実にすばらしい力となって現象《げんしょう》を左右することが出来るのです。あなたはその時、神の霊的実体《れいてきじったい》(神の心)と吾《われ》とは一つであると思わなければならないのです。即ち神とあなたとは一体なのであります。神の豊かさがあなたの豊かさとなるのである。あなたはこの霊的実体からつくられていて、その中にあなたは住み、動き、生き、与えられ、栄えているのであります。霊的実体は世《せ》俗的《ぞくてき》な不景気や好景気に影響されることはなく、経済市況《けいざいしきょう》には無関係なのであります。それは生けるパンであり、生ける水であります。この神の食物《しょくもつ》をうける者に欠乏《けつぼう》はあり得《え》ないのであります。

それは決して物資《ぶっし》の死蔵《しぞう》を意味するのではなく、又生産過剰《せいさんかじょう》という意味でもないのです。或《あるい》は消費節約《しょうひせつやく》でもない。何故《なぜ》なら、神の霊的実体《れいてきじったい》はすべての人々によってちょうどよく使われるようにあらわれるのが本当だからであります。諸君《しょくん》はこのような世界を実現不可能のユートピアだと言われるであろうか。その回答は諸君自身の心の中にあるのです。何故《なぜ》なら、諸君が不可能だと信ずれば不可能となってあらわれ、可能なりと信ずればその如《ごと》く可能となるのが現象界《げんしょうかい》の法則《ほうそく》だからであります。

「『吾《われ》は強力なる不動なる霊的実体なり』ととなえよ。かくてあなたの心の扉は開かれ、霊的実体にみたされた観念《かんねん》が流れ込むであろう。その時それらの観念を自由に用いよ。如何《いか》なる結果が起るかと躊躇《ちゅうちょ》したり疑ったりするな。それはあなたの祈りに答えてあなたの必要を満《み》たすべくあなたに与えられた神の観念である。」

とフィルモアは言っております。神は強力な霊的実体《れいてきじったい》の源流《げんりゅう》であり、人間はその支《し》流《りゅう》であって、その霊的実体に感謝する事がその流れを増進《ぞうしん》せしめることになるのであります。即ち「あなたが金銭《きんせん》を供給《きょうきゅう》されること少くとも、或《あるい》は財布《さいふ》が空《から》であろうとも、それを手に取って祝福せよ。それが生命の実体《じったい》で満《み》たされていて、まさにその富《とみ》が現れんとしつつあると観《かん》ぜよ。あなたが食事を用意する時には、その食事が霊的実体であると考えて祝福《しゅくふく》せよ。あなたが着物《きもの》を着る時には、その衣服に感謝《かんしゃ》して、あなたが常に神の実体《じったい》を着ているのであると観ぜよ」と強調するのであります。とにかく、かくの如《ごと》くして世界にはかかる霊的実体が充満《じゅうまん》していることを観じなければならない、そしてそれを信ずるのです。それが金銀の雪片《せっぺん》の如《ごと》くあなたの周囲に降りそそいでいることを次の如《ごと》く観ずるのであります。

『イエス・キリストは、今、此処《ここ》に於《お》いて、吾《われ》を助け給《たま》い、神があらゆる処《ところ》に在《いま》し給《たま》い、すべてを用意し給《たま》うという信仰《しんこう》に吾《われ》を高め給《たま》い、かくて吾《わ》が繁栄《はんえい》は確保《かくほ》されるのである。吾《われ》は霊的実体があらゆるところに遍満《へんまん》し、吾《わ》が言葉によって益々《ますます》豊かにあらわれることを確信するのである。』

二、富《とみ》を指導する霊智心《れいちしん》

宇宙のあらゆる現象《げんしょう》の根源《こんげん》は宇宙の心にあるのであり、宇宙の心は諸々《もろもろ》の観念《かんねん》を包蔵《ほうぞう》し、諸観念《しょかんねん》は想念《そうねん》と言葉とを通して表《あら》われるのであります。諸観念は想念の流れを生み出すのであって、それはちょうどボイラーの下にくべられた火が蒸気《じょうき》を生み出すようなものであります。人間が想念を造り、想念が世界を動かすのであって、従って、人間は現象の世界を意のままに動かすことが出来るのであります。あらゆる現象は心のあらわれであります。

フィルモアによると心は実在《じつざい》であると同時に現象《げんしょう》の面ももっているというのでありますが、これは心には二つの側面《そくめん》があるとも言いかえています、実在と現象の二側面であるというのであります。これは更《さら》に言い換《か》えると、本当にある心(神の心)と現象の心(あらわれの心)とが考えられるという意味であります。

神は全智全能《ぜんちぜんのう》であるのに、何故吾々《なぜわれわれ》人間は真理を了解《りょうかい》しないのか、もっと全《すべ》てを知っていてもよさそうなものである、という疑問が起るのです。たしかに「実相《じっそう》の吾《われ》」は全てを悟っているのであるが、それがあらわれて来つつあるので、時間空間的《じかんくうかんてき》に展開《てんかい》して来る時には迷っているように見えるのです。しかしそれは一時的な過程《かてい》にすぎないのであります。ちょうど数学《すうがく》の問題のようなものであります。正しい解答は既にあるが、それを現象界《げんしょうかい》で解《と》く時には或《あ》る式を立てる、そうしてそれを計算するが間違《まちが》っているとわかって、もう一度やりなおすようなものであります。それは何にもならないのではなく、いかなる失敗も、目的の実現に向ってたしかに一歩前進したことになるのです。

しかもこの現象が展開するに当っては、数学の法則《ほうそく》にも比《ひ》すべき正確な心の法則があるのです。それを知り理解し応用することによって、吾々《われわれ》はより望ましい結果をもたらすことが出来るのであります。これは「智《ち》」という神の心の一面《いちめん》であります。それがあらわれてかくの如《ごと》き好結果が得られるのです。しかしもう一つ神の心には「愛」の面があって、この「智」と「愛」とが「創造《そうぞう》の原理《げんり》」の陰陽二極《いんようにきょく》をなしているのです。即ち神の心の諸観念《しょかんねん》は智慧と愛との相合《そうごう》によって表現されるのであります。

吾々《われわれ》は常にこの神の心に通ずる霊界《れいかい》から諸観念をうけとりつつあり、更《さら》にそれを吾々《われわれ》自身の概念《がいねん》に造形《ぞうけい》しつつあるのであります。しかし吾々《われわれ》がその原型《げんけい》を自分勝手に変えてしまうならば満足すべき結果は得られないのです。富《とみ》に於《お》いてもその通りであります。智慧《ちえ》と愛との原理《げんり》が忘れ去られる時、神の原型《げんけい》からはるかにかけ離れたニセモノが出来上って、かくの如《ごと》くして智慧と愛とを忘れたあらゆる努力は、永続的な富をもたらし得ないし、その他《た》の如何《いか》なる堅固《けんご》なる幸福ももたらし得ないことになるのです。吾々《われわれ》が真の無限供給《むげんきょうきゅう》をうけるためには、神の霊と一体となり、神の心を吾《わ》が心とし、霊的実体《れいてきじったい》が宇宙に充満《じゅうまん》して吾々《われわれ》は無限の供給源《きょうきゅうげん》をもっている事を知らなければならないのです。そして神の智慧と愛とを吾《わ》がものとしてあらわさなければならないのであります。

そしてそれには祈りによって信仰《しんこう》を深める他《ほか》に途《みち》はないのです。神は無限であります。神は如何《いか》に多く与え給《たま》うても、まだ無限を残しているのです。神は吾々《われわれ》に物を与え給《たま》うのではないのです。物でなくて観念を与え給《たま》うのであります。その観念が霊的力《れいてきちから》を動かして、法則《ほうそく》を応用して物を吾々《われわれ》のところにあらわしてくれるのであります。

「あなたは経済問題《けいざいもんだい》を夢の中で解決することもあるであろう。人は屢々《しばしば》眠りに就《つ》く直前に色々と問題を考慮《こうりょ》し、夢の中で解答を得て、直《ただ》ちに目醒《めざ》めることがある。これは何故《なぜ》かというと、人間の心は今まであまりにも知識的な面にとらわれて働きすぎているので、諸観念《しょかんねん》の働く沈黙の内部領域《ないぶりょういき》と接触《せっしょく》することが出来なかった。ところがその現在意識《げんざいいしき》が静まり、超越意識《ちょうえついしき》(Super Consciousness)と接触することになったので、その時、吾々《われわれ》の事件が如何《いか》に展開し如何《いか》にして吾々《われわれ》が望ましき繁栄《はんえい》をもたらし得《う》るかという事が吾々《われわれ》に示されはじめたからである。」

フィルモアはかくの如《ごと》く述べて、これが「心《こころ》の法則《ほうそく》」であると説いているのでありま す。しかしそうかと言って、普通の人間の知的理解《ちてきりかい》を無視してはならないとも警告《けいこく》していま す。それは物的側面《ぶってきそくめん》を推理《すいり》し観察するところの心はまた内部をも観《み》る事が出来る能 力をもっているからであります。フィルモアによれば現在意識《げんざいいしき》もまた、神の観念《かんねん》の入《い》り 来《きた》る扉であるからであります。即ちあらゆる現象《げんしょう》(表現)は人間の心という「門」を通 ってやって来るのが神のみこころだからであります。

食物《しょくもつ》でも着物でも、すべての物はみな心の中の観念《かんねん》の代表物《だいひょうぶつ》であるから、物を求めるには、その前にそれにふさわしい念《こころ》をもたなければならないのです。富《とみ》を得た人はどのような人でも法則《ほうそく》のままに富んだのであって、それ以外ではないのです。彼らはその心の法則を知らなかったかもしれないが、ともかくも無意識《むいしき》のうちに法則を活用して富む心を起したために富んだのであります。その富む心の一つに「断《た》えざる努力」の心があります。エリヤ（註・「旧約聖書」に登場するユダヤの預言者）は長い間雨の降るのを祈ったのです。先ず彼は召使《めしつかい》をして見せしめたが、一片《いっぺん》の雲もあらわれなかったのです。エリヤは更《さら》に祈り、何回も何回も召使《めしつかい》をして見せしめたが、いつも同じく晴れわたっていたのです。けれども遂に、永い努力の末に於《お》いて、召使《めしつかい》は一片の雲の湧《わ》き起るのを見たのでした。そこでエリヤは人々に雨が来るぞと言ったところが、遂《つい》に雨が降ったのであります。

かくのごとく祈りがかなえられなくても、或《あるい》は努力が直《ただ》ちにむくいられなくても、供給《きょうきゅう》が与えられなくても、すぐに簡単にあきらめてしまってはならないのです。イエスも夜中に食《しょく》を求めて友人の戸を叩《たた》く人の譬《たとえ》をもって繰返《くりかえ》しの努力の必要を説いておられるのです。しかもイエスは、

『野《の》の百合《ゆり》は如何《いか》にして育つかを思え、労せず、紡《つむ》がざるなり。然《さ》れど我《われ》なんじらに告《つ》ぐ、栄華《えいが》を極《きわ》めたるソロモンだに、その服装《よそおい》この花の一つにも及《し》かざりき。』

と言って持越苦労《もちこしくろう》や取越苦労《とりこしくろう》の努力をすることを堅《かた》くいましめておられるのであります。このように吾々《われわれ》が或《あ》る問題にアクセクするのは何故《なぜ》であるかと言うと、それは「我《が》の力《ちから》」でそれを為《な》そうとするからであります。吾々《われわれ》はもっと黙想《もくそう》の時間、即ち「神想観《しんそうかん》」(註・編著者が啓示によって与えられた観法)の時間をもたなければならないのです。そうして野の百合《ゆり》のように辛抱強《しんぼうづよ》くあれば、やがて自《おのず》から美《うる》わしい花をつけることが出来るのであります。心の中に描いたことが自《おのず》から実現するのでありますから、一定時間心の中に描きつづけるならば、あとは自《おのず》からなる働きに安心してまかせておりさえすれば、心の中に描かれた種《たね》はやがて大きく生長《せいちょう》するのであります。その力はどこから来るかというと、野《の》の百合《ゆり》を咲かしめる力と同じであり、それは霊的実体《れいてきじったい》の観念《かんねん》、即ち神の心の観念であり、それは常に在《あ》り通している本当の心であり、天体を形成してそれを保持《ほじ》している力と同じ力であるがゆえに、成就《じょうじゅ》し保持されないという事は絶対にあり得ないのです。

更《さら》に繁栄《はんえい》のためにはもう一つ、神の実在《じつざい》をみとめ、それに感謝するという事が必要であります。感謝《かんしゃ》することによって偉大なる表現の門戸《もんこ》が開かれるのです。イエスはラザロの死んだのを甦《よみが》えらせる時、先ず最初に天の父に感謝してこう言ったのであります――

『父よ、我《われ》にきき給《たま》いしを感謝す。常にきき給《たま》うを我《われ》は知る。』

こうしてラザロに対して声高《こえたか》く『ラザロよ、出《い》で来《きた》れ』と呼《よば》わり給《たま》うと、死せるはずのラザロが墓より出て来たのです。認めることによって、宇宙に遍満《へんまん》する霊的実体《れいてきじったい》が吾《わ》が目的のごとくあらわれて、感謝によって強められ保持《ほじ》されるのです。そこで吾々《われわれ》は常に次のような想念《そうねん》を起して吾《わ》が心を光明化《こうみょうか》しなければならないのであります――

『父よ、あなたに感謝致します。あなたの御心《みこころ》を吾《わ》が心とならしめ給《たま》い、吾《わ》が心が霊によりて明るくせられることを感謝致します。』

次には言葉の力について考えてみることが必要であります。フィルモアは言葉の力についてこう言っています。「想念《そうねん》は言葉によって表現され活動せしめられるのである。

すべての言葉は活動せる想念である。そして言葉が語られる時、それは震動《しんどう》の力として表出《ひょうしゅつ》され、あらゆるところに遍在《へんざい》する霊的実体《れいてきじったい》の中に記録されるのである。」

フィルモアによれば、この言葉の中で最も強力な言葉は、イエス・キリストの御名であるというのであります。この御名《みな》はあらゆる権威《けんい》を超え、天と地の全能《ぜんのう》を保持《ほじ》するところの御名《みな》であります。それは父性母性実体《ふしょうぼしょうじったい》と一体であります。そこで「汝《なんじ》ら何事でも我《わ》が名に於《お》いて父に求めば、父はそれを汝《なんじ》らに与え給《たま》うべし」「汝《なんじ》ら吾《わ》が名《な》に於《お》いて求めば、我《われ》はそれをなすべし」とイエス・キリストは言われたのであります。これはキリスト信者ならざる者には「神の名」と言いかえてもよいし、「真理《キリスト》の言葉《みな》」と言ってもよいのであります。

ともかくもイエス・キリストの発する言葉は強力であって、病者《びょうしゃ》を立たせ、死者を甦《よみが》えらせたのは事実である。それはイエスが神と一体なりとの強き意識をもっておれた大覚者《だいかくしゃ》であったからであります。そこでイエスの言葉が神の健全なる理念《りねん》を喚起《かんき》したのであります。

しかもこの神の理念の顕現《けんげん》の過程《かてい》に於《お》いては、誰《たれ》も目的に達するまでの各段階を完全に知ることは出来ないのであります。彼には大体の方向がわかって、或《あ》る段階から次の段階に進まなければならないという事はわかるのですが、あらゆる詳細《しょうさい》なることは、それを越えてしまうまではわからないのであります。それはちょうど朝顔の葉がのびて行ってどの葉がどのような向きにならぶかという事はわからないようなものでありま す。そこで吾々《われわれ》は先覚者《せんかくしゃ》の指導に従うということが非常に必要だということになるのです。

イエスは「神の国を求めよ、その余《よ》のものは汝《なんじ》らに加えらるべし」と云《い》ったのであります。即ち神の国を求むる者にはすべてのものが加えられるのであって、吾々《われわれ》は完全に神の国に入ってしまって、神を完全に悟ってから、はじめて富《とみ》をあらわすというように遠慮《えんりょ》する必要はないのです。吾々《われわれ》は神の国を求めて神の国の方向に注意を集中しさえすればよいのです。かくの如《ごと》くしてはじめてあらゆるものが吾々《われわれ》に加えられることになるのです。多くの者は、彼らが求むるに当って最初の頃は大《たい》して何も得られないのでありますが、その時信仰《しんこう》を失わず、ただひたすら神の国を求めているならば、次第《しだい》に明らかに豊かに、あふるるばかりの恵みが天降《あまくだ》って来ることに気着《きづ》くのであります。

何事でも繰返《くりかえ》し求める時得《ときえ》られるのです。それも徐々《じょじょ》に眼界《がんかい》が開けて来るのです。あなたを導く全能者《ぜんのうしゃ》の御手《みて》をアリアリと意識することによって、あなたの中には信仰《しんこう》がうちたてられ、偏見《へんけん》が消え、ひとを赦《ゆる》し、深切《しんせつ》な心を起し、するどくひとを審《さば》くところの心のトゲがなくなってしまうのです。そうして貴方《あなた》の周囲の人もあなたのその変化に応じて、あなたを尊敬し、あなたに対して深切になって来るのです。こうしてあなたの周囲には豊かな愛と智慧《ちえ》と富《とみ》とがふりそそがれるのであります。単にあなたが幸福になるばかりではなく、あなたの接触《せっしょく》する全《すべ》ての人々もまた幸福になり豊かに恵まれて来るのです。それは物質的《ぶっしつてき》にあなたが彼らを援助《えんじょ》しなくても、心の世界ではすべての人が共通しているのでありますから、あなたが変ればひとも変るのです、「環境《かんきょう》は心の影」であります。

そこであなたはもはや何らの奇蹟《きせき》を求める必要はないのです。ただあなたの中にある神を、あなたを通して外の世界にあらわし出せばよろしいのであります。それには先ず、今あなたに与えられているものを、それが如何《いか》に小さなものであっても、感謝《かんしゃ》することであります。そしてそれが常に増大《ぞうだい》してすばらしいものに成育《せいいく》することを強く心に描くことであります。そこで一定の時間に、毎日神想観《しんそうかん》をしてあなたには既に無限の富《とみ》が、そして幸福が与えられていることを瞑想《めいそう》する事であります。その思念《しねん》の一例《いちれい》は次の如《ごと》くであります――

『不可視《ふかし》なる霊的実体《れいてきじったい》は、吾《わ》が豊かなる想念《そうねん》のままに創造《つく》り固められ、吾《わ》が心は豊かにして、吾《わ》が環境《かんきょう》もまた豊かである。』

この言葉を何回も何回もくりかえすのであります。

三、信仰《しんこう》によって現象《あらわれ》は左右さる

フィルモアによると、神がすべてを創造《そうぞう》せられた時、「信仰《しんこう》」をもってつくられたのであって、神は人間と大宇宙とを信念をもって心に描き給《たま》い、その神の信仰によってこれらのものが実在《じつざい》となったのであると言うのであります。人間は神に似せてつくられた神の子なのであるから、人間の創造も信仰の上に立つものでなければならない。実際、真にあるものは神にその起源《きげん》があるのであるから、「信仰」が人間に於《お》ける実在的要素《じつざいてきようそ》であれば、その信仰の原型《げんけい》は神にあるものであると考えられるのであります。

信仰はたしかに人間の本来具有《ほんらいぐゆう》の霊性《れいせい》であります。ただ問題は、それを吾々《われわれ》が如何《いか》にして展開させるかという点であります。吾々《われわれ》が「見えざるもの」を存在《そんざい》すると意識《いしき》するのはすべて信仰であります。信仰は現象《げんしょう》を形成《けいせい》する力と密接に結びついた絶対的な心の力であります。しかしあなたが「私はあの人（又は命題《めいだい》）を信ずる」という場合はどういう意味であるでしょうか。それはその人の性格（或《あるい》は命題）があなたによく是認《ぜにん》されるということであり、一体感《いったいかん》をうけるという事であります。そうするとその性格（或は命題）はあなたの心の中で建設的な仕事をはじめるのです。それはどういう仕事かというと、その人なり命題《めいだい》なりを現実化《げんじつか》するという事であります。あなたの信仰《しんこう》によって、あなたの心の中のその性格なり命題なりがあなたにとって実体的となるのです。信仰の働きはこのように抽象的《ちゅうしょうてき》な諸観念《しょかんねん》をとって、その諸観念に実体的形《じったいてきかたち》を与えることでありますす。諸観念は吾々《われわれ》にとって抽象的であり形なきものであるが、それらが信仰によって実体《じったい》となるのであって、これをフィルモアは「信仰の実体《しんこうのじったい》」(Substance of Faith) 或《あるい》は「信仰実体」(Faith Substance)と呼んでいます。

魂をみがく非常に大切な仕事の一つは、この「信仰実体」を確立するという事であります。例えば信仰によって如何《いか》なる実体があらわれるか。この場合に信仰実体とは信仰によってあらわれる霊的啓示《れいてきけいじ》或《あるい》は真象《しんしょう》と考えてよいのであります。ルカ伝の第一章によれば、エリザベツとザカリヤとはヨハネと呼ぶ子供が生れることを天使によって告げられるのです。この時ザカリヤは祭壇《さいだん》で香《こう》を焚《た》いていると、天使からヨハネが生れると告げられるのでありますが、これはどういう意味かというと、心が聖霊《せいれい》を求めている時には、たといその方法が盲目的《もうもくてき》な方法であっても、とにかく心が霊的《れいてき》なものを求めている時には、その心は霊化《れいか》されるという事であるとフィルモアは説いています。香《こう》を焚《た》くとは霊化されることをあらわし、ザカリヤは「魂の認識力《にんしきりょく》」を、エリザベツは「魂の感受力《かんじゅりょく》」をあらわすのであるというのであります。即ち祈り又は瞑想《めいそう》に於《お》いて認識力と感受力とが共に働く時、魂は高度の想念《そうねん》即ち天使に通じ、新しい意識状態《いしきじょうたい》が生れるというのであります。

ところがザカリヤは妻のエリザベツが老年であるので妻が子を産むことは出来ないだろうと、天使の言葉を疑ったのであります。するとたちまちザカリヤは唖《おし》になってしまうのですが、これは吾々《われわれ》が真理を受けても、それを疑うならば、吾々《われわれ》の疑いによって表現する口がふさがれて真理があらわれなくなるという事を表《あら》わしているのであります。しかし魂が目覚《めざ》めて新しい自己を発見し信仰《しんこう》にめざめる時、ザカリヤの口は再び開かれるのであります。信仰の力は実に偉大であって、その信仰を意識的に説明する事は出来なくても、それは完全に実現するのであります。この信仰はあなたの心の内部にあるものであって、あなたが内心《ないしん》の声《こえ》に耳をかたむけ、それを強く正しいと認めたならば、それに従って行動すれば、そこに生きた信仰《しんこう》があらわれて良き結果が得られるのでありま す。

或《あ》る人は貧乏《びんぼう》は神の御恵《みめぐ》みである、何となれば貧乏があってはじめて富《とみ》の有難《ありがた》さがわかるからである、吾々《われわれ》が時に困難《こんなん》にあい、時に好運《こううん》にめぐまれるというのは、みな神の意志《みこころ》であるという風《ふう》に説《と》くのでありますが、これは正しくないのであります。フィルモアによると神は原理《プリンシプル》なのであるからこのように考えることは正しくないのです。神は勝手気儘《かってきまま》に時には苦しみを、時には楽しみを、人間に与え給《たま》うような肆意《ほしいまま》的な暴君《ぼうくん》でも専制君主《せんせいくんしゅ》でもないのであります。神はつねに変らず、よきものを与え通しておられるところの原理なのであります。神は困難も飢饉《ききん》も欠乏《けつぼう》もつくり給《たま》わない、そのようなものは神の御意《みこころ》の中にはないのであります。神の心の中には、豊富《ほうふ》のみ、完全のみ、悦《よろこ》びのみあるのである。

この真理を知っておられるので、イエスは五つのパンと二つの魚《さかな》とを五千人に分《わか》つという奇蹟《きせき》をなし給《たま》うたのです。フィルモアは五つのパンを五感《ごかん》であり、二つの魚を「増《ぞう》殖《しょく》の原理《げんり》」であり、イーストであるというのであります。イーストをパンの中に入れればいくらでも増殖するように、実在《じつざい》の世界の無限供給《むげんきょうきゅう》を信じ、今与えられている五つのパン（五官《ごかん》を通して感ぜられるあらゆること）に「天を仰《あお》いで謝《しゃ》す」即ち感謝した時、その五感を通してあらわれるところのおかげも富《とみ》も喜びも無限に拡大するという意味であります。

イエスが如何《いか》にしてこの五つのパンを五千人に分《わか》つことが出来たかという最も根本的な鍵《かぎ》は、先ずイエスが神想観をして、今手もとに与えられている五つのパンに感謝《かんしゃ》して、天に謝したという事であります。このように無限供給《むげんきょうきゅう》をうける鍵は、今、此処《ここ》に、自分の手の中にあるという事を知らなければならないのです。即ち、今既に与えられているものに感謝しなければならない。未《いま》だ与えられざるものを求めるばかりの我利我利《がりがり》亡者《もうじゃ》の如《ご》き心をすてて、今既に与えられている神の御恵《みめぐみ》を探《さが》し出して感謝する事であります。そうしてその神の御恵《おめぐ》みは、あらゆるところに行きわたり、あらゆる範囲にわたって完璧《かんぺき》であるという事を神想観《しんそうかん》によって観《み》るのであります。

吾々《われわれ》はいかなる不況《ふきょう》の時代に処《しょ》しても、又貧窮《ひんきゅう》に見舞《みま》われても、決して失望落胆《しつぼうらくたん》してはならないのであります。吾々《われわれ》は神は無限であるという信仰《しんこう》を堅持《けんじ》するのです。そして吾々《われわれ》の既にもてるものを、言葉によって幾層倍《いくそうばい》にでも増殖《ぞうしょく》することが出来るのであります。イエスは「我《わ》が言葉は霊《れい》なり生命なり」と言っておられるが、すべての言葉には霊的生命《れいてきせいめい》があるのです。であるから、言葉には充分《じゅうぶん》注意しなければならないのです。いやしくも退嬰的《たいえいてき》な悲観的《ひかんてき》な言葉は断じて使わないようにすることであります。

あらゆる言葉を語る事前《じぜん》に、吾々《われわれ》は神が全《すべ》てのすべてであるという霊的意識《れいてきいしき》に入る事であります。そして霊的高揚《れいてきこうよう》を感ずるのであります。しかして力と権威《けんい》とをもって、のどの中の力の中心に注意を集中して語るようにするのだとフィルモアは言っております。さらに語って後《のち》、キリストのなした如《ごと》く「他《た》の岸《きし》」(ガリレア)に退《しりぞ》いて黙想《もくそう》することが必要です。それは再び静かなるところで休《やす》らい語るということであって、言葉には瞑想《めいそう》がつきものであることであります。

霊的能力《れいてきのうりょく》の開けていない人は、先ず神を信じ、自分にあらゆる能力があることを信じなければならないのです。信じたもののみあらわれるのです。吾々《われわれ》は現象《げんしょう》によってものを判断するくせをやめることです。物に頼る心をすて、不信をなくす事でありす。物をみるのでなく、霊《れい》をみるのです。あなたが心の中で描き出し、信仰《しんこう》をもってそれをみつめるならば、それはいかなることでも実現するのであります。今や世界は「心」の世界の神秘《しんぴ》にめざめつつあるのです。あなたの信ずる望ましきことに常に心をふりむけて置くならば、それはあなたの周囲に確実に実現するのであります。

最も新しい科学《かがく》は「見えざる力」があらゆる物質的力《ぶっしつてきちから》の幾《いく》百万倍も強大であり、且《か》つ実在的であり、実体的であるということを説《と》いているのです。科学と宗教とは、もはや対立するどころか、科学が漸次《ぜんじ》「真の宗教」の所説《しょせつ》を証明《しょうめい》しつつあるのです。或《あ》る科学者は物質《ぶっしつ》は単に宇宙にみつる実体の裂け目にすぎないと言っているのであります。サケ目《め》には何もないのであって、物質というのはあるかと思ったら実は無いのであって、あるのは目に見えない霊的実体《れいてきじったい》の方《ほう》であるという事を逆説的《ぎゃくせつてき》に言っているのです。吾々《われわれ》はこの霊的実体を心であらわし出すことが出来るのであります。心が奥に働いて、物質がその影としてあらわれて来るのであるから、吾々《われわれ》が神の心と同じ心を起すならば、神の国が地上に出現して来ることは明らかな法則《ほうそく》であります。

そこであなたは次の如《ごと》く自分自身に言いきかすのであります――「私は神の噴泉《ふんせん》である。私は神の考え給《たま》う如《ごと》く考える。それ故《ゆえ》私はいかなる欠乏《けつぼう》も限定も考えないのである」と。普遍的《ふへんてき》な神の心があらゆるところに充満《じゅうまん》しているのであるから、欠乏《けつぼう》とか不足とか空無《くうむ》などはあり得ないのです。したがって吾々《われわれ》はいかなる欠乏をも克服《こくふく》する必要はないのであって、ただ欠乏を恐怖《きょうふ》する心を遠離《おんり》すればよいのであります。

この欠乏を恐怖する心が「物を死蔵《しぞう》する」結果となり、他《た》の人の欠乏と、更《さら》に自分自身の欠乏とを招来《しょうらい》する事になるのであります。かかる貯蓄方法《ちょちくほうほう》による富《とみ》の獲得法《かくとくほう》は、吾々《われわれ》が既に今まで何回もやって来て失敗したところの姑息《こそく》な方法であります。そこで吾々《われわれ》は日々のパンを毎日もつところの新しい「神の法則《ほうそく》」を学ばなければならないのです。

吾々《われわれ》は今日《こんにち》必要な物以上に何ももつ必要はないのであります。それ以上もっても重荷《おもに》となるだけであります。吾々《われわれ》は、既に今、ここに、吾々《われわれ》の周囲を霊的実体《れいてきじったい》がとりまいていて、吾々《われわれ》の必要物《ひつようぶつ》を吾々《われわれ》の想念《そうねん》と言葉とに従って常に供給《きょうきゅう》してくれるのであるという根本真理《こんぽんしんり》から出発するのでありますから、そこで朝起きた時には次の如《ごと》く神想観《しんそうかん》の中で念ずるのです。

『吾《わ》が口より出《い》ずる言葉と、吾《わ》が心の想念をして、神の御意《みこころ》たらしめ給《たま》え、おお、吾《わ》が巌《いわお》にして吾《わ》が救《すく》い主《ぬし》なる神よ。』

この宇宙に遍満《へんまん》している霊的実在のことを色々の名前で呼ぶのであります。イエス・キリストは天国と言ったし、モーゼは「エデンの園」と言い、科学《かがく》は漠然《ばくぜん》とエーテルと言ったりするのです。吾々《われわれ》は魚《うお》が水中に住むように、この中に住み、それは更《さら》に我々《われわれ》の中に生き吾々《われわれ》に心のままにあらゆるものを供給《きょうきゅう》してくれるのであります。そこで吾々《われわれ》が仕事をはじめる時には次の如《ごと》く宣言《せんげん》し祈るのであります――

『神は今日《きょう》もまた吾《われ》を導き給《たま》い守り給《たま》う。』或《あるい》は『神の霊《れい》は今日《きょう》もまた吾《われ》に臨《のぞ》み給《たま》いて、吾《わ》が道を成功と繁栄《はんえい》とに導き給《たま》う。』と。

神はあらゆる方法を用いて吾々《われわれ》を豊かならしめ給《たま》うのであるから、吾々《われわれ》は決して神が如何《いか》なる道を通って吾《われ》らを導き給《たま》うかを限定してはならぬのであります。ただ神を観《かん》ずるのです、そうすると無限供給《むげんきょうきゅう》があらわれて来るのであります。フィルモアの掲《かか》げる「繁栄《はんえい》の祈り」は次のようなものであります――

『吾《われ》は神があらゆることに遍満《へんまん》する無限の供給者《きょうきゅうしゃ》なることを信ずるが故《ゆえ》に、吾《われ》は常に満《み》たされているのである。』

『吾《われ》はおんみを絶対なる吾《わ》が供給源《きょうきゅうげん》なりと信じ、おんみの吾《われ》を繁栄《はんえい》せしめ給《たま》うことを信ず。』

『吾《われ》はあらゆる事態《じたい》に処《しょ》して繁栄《はんえい》の聖霊《せいれい》の遍在《へんざい》し給《たま》うを信ず。吾《われ》は神の在《いま》し給《たま》うを信じ、神を求むる者に報《むく》い給《たま》うを信ずるが故《ゆえ》に、神と吾《われ》とは一体《いったい》なり。』

四、人間は神の心の出入口《でいりぐち》である

神のもち給《たま》うものは貯蔵《ちょぞう》されたる何ものかではなくして、人間の心と魂との中に植えつけられた可能性であります。人間の魂を通って愛の神の富《とみ》は出現するのであります。心は坩堝《るつぼ》であって、その中で理念《りねん》が現実化《げんじつか》されるのです。この変化の過程《かてい》は謂《い》わば「精神化学」であって、それを学んではじめて吾々《われわれ》は天の父の霊的実体《れいてきじったい》という偉大な工場の中で思うままの智慧《ちえ》をふるって働く用意が出来るのです。この工場には材料《ざいりょう》不足《ぶそく》はないのであります。ただ富《とみ》の意識《いしき》が具体的《ぐたいてき》の富となってあらわれるのであります。

宇宙を支配する神は「原理《げんり》」でありますから、原理の表現はすべて法則《ほうそく》に従うのです。即ちあなたがあなたの心の中に或《あ》る真の命題《めいだい》を屢々《しばしば》思いうかべれば浮べる程《ほど》、益々《ますます》あなたの心中《しんちゅう》には安心感が強まるのであります。人間の心が真理を受容《じゅよう》し、真理を理解することが明白《めいはく》となればなる程、あなたの心は一層具象力《ぐしょうりょく》を増し真象《しんしょう》をあらわすのであります。（即ち実在化するのである。）唯一《ゆいいつ》なる神の心があなたの心の中で考えられると、それは同種《どうしゅ》の想念《こころ》は相引《あいひ》く法則、即ち親和《しんわ》の法則によって普遍《ふへん》なる実在《じつざい》がうつし出されるのであります。こうしてあなたが神を認識《にんしき》すればする程、益々《ますます》あなたの肉体なり環境《かんきょう》なりが思いのままになるのであります。あなたが「普遍《ふへん》なる実在《じつざい》を利用しそれをあなたの有用《ゆうよう》な風《ふう》に可塑《かそ》する方法を知るならば」（とフィルモアは言う。）あなたは必ず繁栄《はんえい》するのであります。あなたが真理を悟っていようといまいと心的実在《しんてきじつざい》は日常生活のあらゆる細目《さいもく》の中に普遍《ふへん》しているのであるが、あなたが普遍的《ふへんてき》な生命と愛と智慧《ちえ》と力とを所有《しょゆう》し体得《たいとく》するためには、先ず最初に心の中で真理を観《かん》ずることによって真理の心を起さなければならないのであります。

あらゆる現象《げんしょう》は法則《ほうそく》に従って起るのです。従って奇蹟《きせき》（純粋な意味で法則を無視した奇蹟）は起らないのであります。僥倖《ぎょうこう》ということはないのであって、あらゆる事件は原因の結果として起るのであります。この真理は吾々《われわれ》の内心の要求にぴったりと一致するのであるが、しかも時々人間は原因が表面にあらわれていないために、この「因果《いんが》の法則《ほうそく》」を疑うことがあります。しかし奇蹟と見ゆるものは、ただ吾々《われわれ》の未《いま》だ知らざる原因によって起った現象であるというに過ぎないのであります。神は法則であり不変でありますから、吾々《われわれ》が完全なる創造を為《な》そうと思うならば、吾々《われわれ》は神なる法則と一致し、法則を完全に活用《かつよう》しなければならないのであります。

国会は法律《ほうりつ》を決定するが、国会は国民がその法律を守るかどうかを監視《かんし》しない、監視は行政部門《ぎょうせいぶもん》がするのでありますが、それと同様に、神は法則《ほうそく》を設定《せってい》し給《たま》うているが、それに吾々《われわれ》が従うことを強制《きょうせい》し給《たま》わないのであります。（この場合の法則とは神の御意という意味であり、正しき秩序という意味であります。）吾々《われわれ》には自由意志《じゆういし》が与えられていて、如何《いか》なる行動でもとれるのであります。吾々《われわれ》が法則を知り、それに従うならば、吾々《われわれ》は法則によって保護されそれを利用することが出来るのであります。もし法則を破れば、吾々《われわれ》は制限《せいげん》を受けるのであって、ちょうど法律を犯《おか》す犯罪人《はんざいにん》が投獄《とうごく》されて自由を拘束《こうそく》されるようなものであります。しかして「聖霊《せいれい》」即ち第二義《だいにぎ》の化身《けしん》の神が行政局の役目をして、この聖霊を通して神の心はその法則を守るべく吾々《われわれ》を教導《きょうどう》し給《たま》うのであります。しかしあくまでもあなたの幸福なり運命なりはあなたの自由意志によって決定されるのであって、あなたが御意《みこころ》の如《ごと》くなした時真の自由自在《じゆうじざい》が得られるし、それに反した時、不自由な束縛《そくばく》された病気や経済難《けいざいなん》や不調和の状態があらわれるのであります。それ故《ゆえ》あなたは神の御意《みこころ》を吾《わ》が心とするように自然に成熟《せいじゅく》して来なければならないのであります。

そこで神の法則(御意《みこころ》)の諸項目《しょこうもく》は何であるかというと、先ず第一に神は善《ぜん》であり、神の創《つく》造り給《たま》うた全《すべ》てのものはことごとく善であるという事であります。そこでこの想念《そうねん》をあなたの心の中に確実に把握《はあく》しますと、あなたの周囲には善のみあらわれて、悪《あ》しきものはことごとく影をひそめてしまうのであります。故《ゆえ》に吾々《われわれ》の心の中に善以外のものを思いうかべてはならないし、もしかかる悪《あ》しき想念《そうねん》が起って来る時には、断乎《だんこ》として次の如《ごと》く心に強く描くのであります——

『吾《われ》は絶対善《ぜったいぜん》の子である。神は善であり、従って吾《われ》は善である。吾《わ》が生活にあらわれるすべてのものは善である。しかして吾《われ》は善のみを有《も》つのである。』

これを実行し、よきことのみを語る者の周囲には善《よ》きことのみが起るのです。それは理窟《りくつ》ではなく、実行によって証明《しょうめい》されるところの事実であります。実行によって善意《ぜんい》があなたの習慣《しゅうかん》となるのです。そうすると人々はあなたを見て言うであろう。「この人は善良で真実である。私は彼を信頼する。彼をみていると、すべての人の心の中は善良なのだという感じを抱《いだ》かざるを得ないのである」と。

この原則《げんそく》を吾々《われわれ》は繁栄《はんえい》のために応用《おうよう》することが出来るのであります。イエスは貧乏《びんぼう》を神の御意《みこころ》だと言ったであろうか、断《だん》じてそうではなかった。本当はその逆であったのです。それは有名な「放蕩息子《ほうとうむすこ》の譬《たとえ》」をよく考察《こうさつ》すればわかるのであって、放蕩息子《ほうとうむすこ》は遠国《えんごく》へ行って、そこで気儘《きまま》な生活をして貧乏になったのです。彼が父の家に帰った時、意外にも彼はその不行蹟《ふぎょうせき》を責《せ》められはしなかったのです。それどころか父は、

「はやく最もよい衣服《いふく》をもって来て彼に着せよ。」

と召使《めしつかい》に命じたというのです。これは立派な着物についてのイエスの教訓《きょうくん》であります。みすぼらしい汚《よご》れた着物を着ることは神の子にふさわしくない罪《つみ》(包《つつ》み)であります。吾々《われわれ》は決してイエスの教えをまげてつたえてはならない。イエスは良き着物をきる事をよしとせられたのであります。次に父は息子の指に金の指輪《ゆびわ》をはめた。これも繁栄《はんえい》についてのイエスの教訓《きょうくん》の一つであります。父の吾々《われわれ》に対する希望は無限の善《ぜん》であり

ます。指輪は終りがないから「無限」の象徴《しょうちょう》であります。従ってそれはまた普遍《ふへん》と無限力とをあらわすのであって、父が子に指輪《ゆびわ》を与えた時、父は子にあらゆる生活能力《せいかつのうりょく》を与え給《たま》うたのであります。それは息子は父のもち給《たま》う全《すべ》てのものをうけつぐという象徴《しょうちょう》であります。吾々《われわれ》が神の国の豊かな意識《いしき》をとりもどす時、父は吾々《われわれ》に父のもち給《たま》う全《すべ》ての力、智慧《ちえ》、愛を与え給《たま》うのであります。

次に父は召使《めしつかい》に「彼の足に靴《くつ》をはかせよ」と命じたのであります。足は地上の出来《でき》事《ごと》と接触《せっしょく》するところの吾々《われわれ》の理解をあらわすもので、頭は霊的《れいてき》なるものに対する理解であります。（即ち地上の出来事を理解しなければならぬが、これに着《つ》いてはならぬという意味である）次に父は帰還《きかん》した息子のために祝宴《しゅくえん》を設《もう》けると宣言《せんげん》したのですが、これは罪ある人に対してなされる待遇《たいぐう》とは全《まった》く正反対の態度であります。即ち神は如何《いか》なる者をも罰《ばっ》し給《たま》わず罪しい給わないのであります。罰《ばっ》するのは自分で罪ありと考える自己《じこ》処罰《しょばつ》か、因果応報《いんがおうほう》による業《ごう》の自壊作用《じかいさよう》に他《ほか》ならないのであって、それは決して「神罰《しんばつ》」ではないのであります。父は如何《いか》なる放蕩息子《ほうとうむすこ》でも、帰って来れば喜びの祝宴《しゅくえん》を設《もう》け給《たま》うのです。そうして彼に父のもち給《たま》う富《とみ》をすべて分《わか》ち与え給《たま》うのであります。又父は必要な食糧《しょくりょう》を少しずつ分配《ぶんぱい》しようというのではなく、「肥《こ》えた犢《こうし》」を与えよと言い給《たま》うので、これは神はケチくさく最小限度の必要品を分《わか》ち与え給《たま》うのではなく、豊かにあふるるばかり無限の生命と富《とみ》とを与え給《たま》うという意味であります。ただそのためには「神の心に還《かえ》る」という事が条件であります。

又この放蕩息子《ほうとうむすこ》は、はじめ父のもとを去って、遠国《えんごく》に於《お》いて放蕩《ほうとう》してその財産《ざいさん》を浪費《ろうひ》して窮乏《きゅうぼう》したのであります。浪費するという事は貧乏《びんぼう》の原因であります。「物《もの》」を浪費する人も「生命」を浪費《ろうひ》する人も、時間を浪費する人も、肉体的にも経済的にも貧弱《ひんじゃく》な生活を送らざるを得ないのです。肉体を浪費してもやはり健康は得られないし、金を浪費しても富《とみ》は得られないのです。浪費しないという事は、何もケチケチおしんで使わないという事ではなく、「生かして使う」という事であって、それが神の御心《みこころ》(法則《ほうそく》)であります。

吾々《われわれ》は神があらゆる処《ところ》に在《いま》すという事を知らなければならないのです。父は、常に、今、此処《ここ》に在《いま》すのであって、これを知らない時、吾々《われわれ》は「遠国《えんごく》」をさまよう放蕩息子《ほうとうむすこ》であるのです。従って貧窮《ひんきゅう》せざるを得ないのであります。そこで吾々《われわれ》は次の如《ごと》く宣言《せんげん》するのであります――

『無限供給《むげんきょうきゅう》の神の心が吾《わ》が資源《しげん》である。されば吾《われ》は富《と》まざるを得ないのである。』

更《さ》らにイエスは『有《も》てる者は更《さら》に与えられ、彼は富める者とならん。』と言っておられるのであるが、これは一見不公平《いっけんふこうへい》なる事実のようにも思われますが、決してそうではなくて、これは神の法則《ほうそく》であって犯《おか》すべからざる公平無私《こうへいむし》なる法則であります。何を「有《も》てる者」かというと物質《ぶっしつ》のことではなく、「豊かなる心」であり、「富《とみ》の意識《いしき》」をもつ人であり、勇気と努力と、智慧《ちえ》と愛とを有《も》てる者、即ち「神の心」をもてる者、「吾《われ》は神の子也《なり》、無限の富者也《ふうじゃなり》」との意識を有つ人のことであります。吾々《われわれ》は努力しただけのもの、求めただけのもの、ひとに与えた恩恵《おんけい》だけのものを与えられるのであります。富むには富むだけの種《たね》を播《ま》いた時、その結果がかりとられるのであって、もし結果が永久にあらわれないのであれば人間の向上心《こうじょうしん》も何も発現《はつげん》しないのであります。進化《しんか》は人間が霊的観念《れいてきかんねん》を把握《はあく》しそれらを心を通して表現することによって得られるのであります。

吾々《われわれ》が或《あ》る観念を強くそして永久に把持《はじ》するためには、「愛」がなければならないのです。「愛」ほどあらゆる心の能力を安定せしめ統一せしめるものはないのであります。そこでイエスは、「神を愛せよ」という事を繰返《くりかえ》して強調し給《たま》うていたのです。愛は結びであり創造原理《そうぞうげんり》であり生み出す働きであります。もし吾々《われわれ》の心が動揺《どうよう》して「吾《われ》神の子にして無限の富《とみ》の世嗣《よつぎ》なり」との信念が保てないようなことがあれば、直《ただち》に次の如《ごと》く心《しん》中《ちゅう》に断言《だんげん》することです。

『吾《われ》は迷わない。過去の古き観念《かんねん》は間違《まちが》いであって、それは無《む》である。それは吾《われ》に何らの力も及ぼさない。吾《われ》は永久にかく信ず――神は愛にして、吾《われ》に無限の供給《きょうきゅう》を与え給《たま》う実体《じったい》である。』と。

堅忍持久《けんにんじきゅう》ということも物事《ものごと》を成就《じょうじゅ》せしめるには是非《ぜひ》なくてはならない徳性《とくせい》であります。ルツ記（註・旧約聖書の一篇。夫を失った主人公ルツが姑のナオミに従順に従い、遂にイスラエルの王の祖先となったという物語）に於《お》いてルツが遂《つい》にダビデ（註・旧約聖書に登場する古代イスラエルの王）の祖先の一人となることが出来たのは、ルツ（愛）がナオミ（霊的観念《れいてきかんねん》）に従って離れなかったからであります。（ルツ記第一章第十六～十七節参照）或《あ》る想念《そうねん》を心に抱《いだ》いて放さなかったならば、その思いはかならず実現するのであります。それはその想念が潜在意識《せんざいいしき》の中に定着するからであります。あなたの潜在意識が或《あ》る想念であふれ流れる如《ごと》くなると、不可視《ふかし》なる実体《じったい》があらゆるあなたの環境《かんきょう》にあふれ出し、その想念を現実化するのであります。それはあたかも、潜在意識《せんざいいしき》という土壌《どじょう》の中に種《たね》を播《ま》くようなもので、その種は種の種類に従って芽を出すのであります。麦の種を播《ま》けば麦が生《は》え、トウモロコシの種を播《ま》けばトウモロコシが生《は》えるのと同じように「吾富《われと》めり」という想念《そうねん》の種《たね》をまけば富むのであり、「吾貧乏《われびんぼう》なり」という想念の種をまき「貧乏だ貧しい」とぐちをこぼし続けているとますます貧乏の芽《め》が次から次に生《は》えてくるのであります。

あなたが夜床《とこ》に入《い》る前には、あなたの想念を豊かなる霊的想念《れいてきそうねん》でみたすことです。そうして家中《いえじゅう》が、家の中のあらゆる人々が、その豊かさに充《み》ちあふれていることを観《み》るのであります。こうしてその豊かさの想念《そうねん》は眠っている時もさめている時もあなたの潜在意識《せんざいいしき》の底に沈み込んで働きつづけて豊かさをあらわすのであります。貧窮《ひんきゅう》も富《とみ》も、それはみなあなたの心次第《こころしだい》であります。富《とみ》の種《たね》をまけば、やがて富の芽《め》が出、富の葉がのび、富の花が咲き、富の実《み》がみのるのです。終局《しゅうきょく》の果実《かじつ》を求める者は、急に果実は得られなくても、次々にあらわれて来る「富《とみ》の植物」を大切に育てるならば、かならず最後には最ものぞましい「富《とみ》の果実」を収穫《しゅうかく》することが出来るのであります。

清貧《せいひん》を礼賛《らいさん》してはなりません。清貧《せいひん》によって益《えき》されるものは何もないからです。ただ自己の「同情されたい心」と「ゆがめられた自己満足の情」が満《み》たされるばかりであります。富《とみ》を考え、繁栄《はんえい》を語り、富に感謝せよという事であります。

五、無限供給《むげんきょうきゅう》を支配する法則《ほうそく》

フィルモアはバイブル（註・聖書のこと）を単なる歴史的な宗教聖典《しゅうきょうせいてん》とは見ないのであって、登場人物によって様々な観念《かんねん》が代表されているという風《ふう》に説《と》いています。例えばモーゼ（註・旧約聖書に登場する古代イスラエルの民族指導者）は「法則《ほうそく》」を代表するがそれも否定的《ひていてき》な「何々《なになに》するなかれ」という消極的《しょうきょくてき》な戒律《かいりつ》を代表するのであるに反して、イエスは積極的《せっきょくてき》な、肯定的《こうていてき》な法則「汝《なんじ》ら主《しゅ》なる汝《なんじ》の神を愛すべし」というような創造的《そうぞうてき》な生命原理《せいめいげんり》を代表しているのであります。モーゼは「契約《けいやく》の地《ち》」に入ることは出来なかったのですが、何故《なぜ》かというとそこには「肯定《こうてい》」がないからであります。ところがヨシュア（註・旧約聖書「ヨシュア記」の主人公。モーゼの後継者）は契約の地に入ることが出来たのは何故《なぜ》かというと、「ヨシュア」とは「イエス」と同じ意味の言葉であって、それは神はあらゆる処《ところ》に在《いま》し給《たま》いあらゆる全能《ぜんのう》をもち給《たま》うという完全な意識《いしき》を心に樹立《じゅりつ》する第一段階を示しているからであります。そしてそれはイエスによって完成されたのです。モーゼは法律設定者《ほうりつせっていしゃ》であり、イエス・キリストは法則《ほうそく》の完成者《かんせいしゃ》であります。

あなたは沢山《たくさん》のお金をもてば幸福にうまく暮らせると思うでしょうか。たといあなたが百万ドルを得たとしても、その金の正しい使い方を知らなかったならば、その金はかえってあなたを不幸にするのです。子供がキャンデーやアイスクリームを買いに行きたいと言うからと言って、その子供に百万ドル与える親が果《はた》しているでしょうか。吾々《われわれ》がそれだけの富《とみ》を有《も》つのは、吾々《われわれ》がそれを使う能力を得たときであります。つまり外なる富は、内なる我《わ》が能力の開発につれて与えられるのであります。

無限なる神の心は法則《ほうそく》に従って神の子達に必要なだけの供給《きょうきゅう》を全《すべ》て与えようと用意しておられるのであります。偶然《ぐうぜん》という事はないのです。神は空を飛ぶ小鳥をすらやしない給《たま》い、野《の》の百合《ゆり》を装《よそお》わせ給《たま》うのです。まして神は人間をやしない給《たま》い着せ給《たま》わないはずはないのであるが、ただ吾々《われわれ》が神の博愛《はくあい》を受けることを拒《こば》むならば、神は人間の自由意志《じゆういし》を重んじ給《たま》うが故《ゆえ》に、あたかも欠乏状態《けつぼうじょうたい》があるかの如《ごと》く見えるのであります。パウロは「法則を完成するものは愛である」と言ったのですが、その如《ごと》く吾々《われわれ》はまさに愛を実行しなければならないのです。神を愛せよ、自分自身を愛し、それと同じように隣人《りんじん》を愛せよ、且《か》つ仕事を愛せよ。ここに、吾々《われわれ》の内部に、吾々《われわれ》の心の中に、法則（神の御意《みこころ》）があるのであります。吾々《われわれ》は何をなすべきかを知っているのです。吾々《われわれ》は神に懇願《こんがん》の祈りや請願《せいがん》の祈りをしなければならないことはないのです。吾々《われわれ》のなすべきことは静かに神想観《しんそうかん》をして、あらゆるものを与え給《たま》う偉大なる与え主の実在《じつざい》と力とを確信することであります。そうして神よりの贈物《おくりもの》を喜んで受けることであります。無限供給《むげんきょうきゅう》の鍵《かぎ》は外界《がいかい》にあるのではなく、吾々《われわれ》の心の中にあるのであります。それは吾々《われわれ》の内心《ないしん》にあって、あらわれ出たくてたまらなくてウズウズしているのです。その内在《ないざい》の無限力《むげんりょく》をあらわし出すところの救《すく》い主《ぬし》はあなた自身であります。

「五感《ごかん》の心」は欠乏《けつぼう》や限定に満《み》たされているが、「霊《れい》の心《こころ》」は無限供給のみを識《し》っているのです。あなたはキリストの心（神の愛の心）を通して普遍的霊智心《ふへんてきれいちしん》と接触《せっしょく》しているのであります。あらゆるものがあなたに与えられるのはこのキリストの心（内在《ないざい》の神性《しんせい》）を通してであります。それは「父の心」に到《いた》る水路であります。先ずあなたはこのキリストの心と一体となる事です。そうすればあらゆる豊かなるものがあなたの中《うち》にも外にもみなぎりあふれるのです。

ドイツの哲学者であり詩人であるところのゲーテは「人間に於《お》ける最高の最もすぐれたものは無形《むけい》である。吾々《われわれ》はそれに高貴《こうき》なる装《よそお》いを与えなければならぬ、高貴ならざる形からそれをまもらねばならぬ」と言っているのですが、これは人間が彼の内部に無形の実体《じったい》に形を与える能力をもっているという真理を知っていたことをあらわしているのです。イエスは、『すべて汝《なんじ》らが地にて縛《つな》ぐ所は天にても縛《つな》ぎ、地にて解《と》く所は天にても解《と》くなり。』（マタイ伝一八ノ一八）

と言っておられますが、「地《ち》」とはこの現象世界《げんしょうせかい》であり、「天《てん》」とは神の心の中の純《じゅん》粋理念《すいりねん》の領域《りょういき》のことであり、神の理念を吾々《われわれ》の心の中に具体化《ぐたいか》してそれにそのままの形を与えるようにならなければならないのであります。

あらゆる哲学者《てつがくしゃ》にとって、これは非常に重要なデリケートな問題であります。何故《なぜ》かというと吾々《われわれ》の魂は、この過程《かてい》を通じて発達して行くのであるからです。この過程は次のような譬喩《ひゆ》を考えるとよくわかるのです。魂の発達《デベロップメント》は写真原板《しゃしんげんぱん》の現像《デベロップメント》と同じ様《よう》なものであって、光が写真乾板《しゃしんかんぱん》の上に当てられると、そこに光と影との映像《えいぞう》がうつされるのです。しかしそれはそのままでは目に見えないのであるが、現像液《げんぞうえき》を作用《さよう》させることによって目に見えるようになります。それと同じく神の心はあらゆる人々の心の中に既に刻印《こくいん》せられているのであるが、それを現像《デベロップ》しなければあらわれて来ないのでありま す。しかも「神の心」は完全であって全《すべ》ての人にもその神の心が刻印されて宿っているのであるが、それを現像《げんぞう》し定着《ていちゃく》する過程《かてい》で操作《そうさ》を誤ると、折角立派な映像《えいぞう》がそこにあっても、それが不完全な姿にしかあらわれて来ないのであります。いかに不完全にしかあらわれていなくても、もとの陰画《いんが》は完全なのであって、これが神の心によって印《しる》された完全な像《ぞう》即ち「汝《なんじ》に在《いま》すキリスト、栄光の望み」(実相人間《じっそうにんげん》)であります。吾々《われわれ》の心が「心の化学変化《かがくへんか》」を起させるところの現像液《げんぞうえき》の作用をしているので、正しき現像液(心)で処《しょ》理《り》された原板《げんぱん》には正しき像《ぞう》(神の心そのままの相《すがた》)をあらわすのであります。

この心の現像作用《げんぞうさよう》を考える時、心の働きの中で「意志」と「想像」とを分離《ぶんり》することは出来ないのです。今までは心の意志の働きのみを重視して、想像作用を軽視《けいし》し勝《が》ちであったのですが、これは大変な間違《まちが》いであって、この二つの働きが統合されてはじめてあらゆることが意のままに現像されるのであります。聖書の中では「意志」の働きを「王」で代表させています。ソロモン王（註・旧約聖書「列王記」に登場する古代イスラエルの王。イスラエルの最盛期を築いた王として知られる）は世界で最も富《と》める男であったという事になっています。たしかにその限りに於《お》いてソロモン王は成功したのであります。彼は繁栄《はんえい》をあらわしたのであります。しかも彼は神に富《とみ》を求めたのではなかったのです。この点をよく注意しなければならないのであって、ソロモン王は神に対して智慧《ちえ》を、観《かん》念《ねん》を求めたのであります。神は霊なる「心」でありますから、神よりの贈物《おくりもの》も物ではなくて霊的なるものであり、「観念」であり、「良き思いつき」であります。ソロモン王はかくて智慧《ちえ》を得たのであって、その結果世界中の人々がその智慧《ちえ》を得たいと様々な富《とみ》を交換物《こうかんぶつ》としてもってきてソロモンに献上《けんじょう》したのです。こうして「智慧《ちえ》」が「物《もの》」に変ったのであります。

かくの如《ごと》く吾々《われわれ》が神の智慧《ちえ》を受け容《い》れたならば、その神の観念《かんねん》を有効《ゆうこう》に用いることを躊躇《ちゅうちょ》してはならないのです。しかしあくまでもその観念の基礎であり源泉《げんせん》であるところの「神」を忘れてはならないのです。非常なる努力家で働き手である人々も沢山《たくさん》いて、彼らは或《あ》る観念を得《う》ると、直《ただち》にそれを活用《かつよう》するのですが、彼らはその観念の依《よ》ってもって立つところの基礎を忘れているので、あまり伸びることが出来ないのであります。神を第一に置く者にとって、不可能という事はあり得ず、富《とみ》は自《おのず》から彼に服従《ふくじゅう》するのであります。

金は人間の道具であって、金が人間の主人公ではないのです。金は人間のためにつくられているのであって、人間が金のためにつくられているのではないのです。金を人間の上位《じょうい》に置いて金に拝跪《はいき》する者を指《さ》して、イエスは「富《と》める者の天国に入《い》る事の難《かた》きこと駱駝《らくだ》の針の孔《あな》を通るが如《ごと》し」と言われたのであります。人間を支配するのは実は金ではなく、金についての人間の考え方であります。貧乏《びんぼう》の観念《かんねん》も富《とみ》の観念と同じく人間を奴隷状態《どれいじょうたい》にする力をもっています。そこで人間は如何《いか》に金をあつかうかということより前《さき》に、如何《いか》に観念を取扱《とりあつか》うか、いかなる想念《そうねん》をもつべきかという事を教えられて、観念や金をして人間に奉仕《ほうし》せしめるようにそれを支配しなければならないのであります。

イエスが曠野《あらの》にて悪魔に試みられて、「汝《なんじ》がもし神の子ならば、石よりパンを創《つく》ってみよ」と要求されたという話がありますが、吾々《われわれ》人間はすべてかくの如《ごと》き試みを受けてそれに屈従《くつじゅう》しているのであります。それは物質《ぶっしつ》(石)から吾々《われわれ》のパンを得ようとして、神の口より出《い》ずる言葉からは得ようとしないのであります。人間の魂を真に養うものは言葉であり観念《かんねん》であって、物ではないのです。しかるに吾々《われわれ》は肉体を養う「物《もの》」ばかりを求めて、「神の言葉」を、神の心を求めようとしない。しかも実は肉体を養い、環境《かんきょう》を養うものも、実は言葉であり観念であります。もし吾々《われわれ》が先ず「神の国」を求めるならば、「物」は自《おのず》から備わって、吾々《われわれ》はこぞって豊かなる生活を享受《きょうじゅ》することが出来るのであります。

しかしもし吾々《われわれ》が何物かを吾々《われわれ》を妨《さまた》げるところの障礙物《しょうがいぶつ》であると見做《みな》して嫌悪《けんお》するか、又は恐怖《きょうふ》するならば、恐るるものは益々《ますます》増殖《ぞうしょく》して実際に吾々《われわれ》を幸福から妨礙《ぼうがい》してしまうことになります。そこであまりに用心深くおずおずした生活ばかりを送り、石橋を叩《たた》かなければ渡らないというようなことをしておれば、あなたに内在《ないざい》する力は充分に発揮《はっき》されないことになります。未来は幾分《いくぶん》ボンヤリしているものであって、何から何まですべてととのわなければ動き出せないで、何か未来に困難《こんなん》が起るかもしれないと恐怖しているならば、結局その恐怖の通りの障礙《しょうがい》があらわれて来て、失敗をまねき、何一つ成功することは出来ないのであります。それ故《ゆえ》常にあなたはあなたの眼《め》を内部の実相《じっそう》の豊かさに向け、外部の現象《げんしょう》の生滅《しょうめつ》起《き》伏《ふく》にとらえられて心をフラツカセてはならないのであります。進歩、増加は、吾々《われわれ》の人間的な努力によってはじめて得られるものではなく、これは天与《てんよ》の賜物《たまもの》であります。増加し進歩するのが法則《ほうそく》(神の心)であって、吾々《われわれ》はただその法則をまもるだけで自《おの》ずから生活は豊かになり悦《よろこ》びにみたされて来るのです。ですから吾々《われわれ》は感謝《かんしゃ》せざるを得ないのです。感謝し人生を謳《おう》歌《か》すればするだけ益々《ますます》人生は豊かになってくるのであります。あなたは断《だん》じて「とても私には出来ません」などと口走《くちばし》る人間になってはならないのです。あなたは積極的《せっきょくてき》に未来に確信を持たねばならないのです。そうすればかならずあなたは成功するのです。

神の御心《みこころ》を実現するためには「創世記《そうせいき》」の第一章に、「神は六日にして天地及び衆群《すべてのもの》を創造《つく》り給《たま》い、第七日に神其《その》造りたる工《わざ》を竣《おえ》たまうた」と書かれているように、六つの創造段階《そうぞうだんかい》と一つの完成休止《かんせいきゅうし》の段階とがあるのであります。

第一段は何であるかというと、『神光《ひかり》あれと言い給《たま》いければ光ありき』であって、これは、神はすべてのものを用意し給《たま》うている完全《かんぜん》無欠《むけつ》な永遠の生命であるということを悟り、その神は無限供給《むげんきょうきゅう》の本源《ほんげん》であることを覚《し》ることであります。即ち吾《わ》が業《わざ》は吾《わ》がなすにあらず、神がなし給《たま》うのであるという自覚に立つことであります。

第二段は『神蒼穹《おおぞら》を作りて、蒼穹《おおぞら》の下《した》の水と蒼穹《おおぞら》の上《うえ》の水とを判《わか》ちたまえり、即ち斯《か》くなりぬ。神蒼穹《おおぞら》を天《てん》と名《なづ》けたまえり、夕《ゆうべ》あり朝《あした》ありき是《これ》二日《ふつか》なり』であって、「蒼穹《おおぞら》」というのは透明《とうめい》なもので、真理の理解という事であり現象《げんしょう》と実相《じっそう》とを明確に区別することをあらわすのであります。（この創世記《そうせいき》の霊的解釈《れいてきかいしゃく》についての詳細《しょうさい》は『生命《せいめい》の實相《じっそう》』の萬教《ばんきょう》帰一篇《きいっぺん》にある故《ゆえ》精読《せいどく》せられたし。）水はこの世の中のあらゆる「観念的存在《かんねんてきそんざい》」であり、この水を分《わか》って「下《した》の水《みず》」と「上《うえ》の水《みず》」とに判別《はんべつ》するのですが、下の水というのは地について根のある実在《じつざい》の観念《かんねん》をあらわし、上の水は空《くう》なる根のない仮象《かしょう》の観念をあらわしているのであって、ニセモノとホンモノとをはっきり区別する段階がこの第二段階であります。そしてホンモノのみ神の御心《みこころ》であると信じて、その存在《そんざい》を断言するのであります。

第三段階は『乾《かわ》ける土顕《あら》わるべし』という所で、いよいよ観念が形あるところの「物《もの》」に変って行って、物質《ぶっしつ》があらわれて来るところがのべてあるのであります。そこで心に描かれたものが形をとってくるのでありますから、吾々《われわれ》は神の心にある(下《した》の水《みず》)観念《かんねん》を吾《わ》が観念として豊かなる富想《ふうそう》を起すならば、その豊かさがあらわれて、豊かなる物質《ぶっしつ》が集って来るのであります。しかしまだ第一第二の段階の心の準備が出来ていない時には、いかに富想《ふうそう》を起したようであっても、それが実現しては来ないのであります。多くの人々はただ単にすばらしい理想世界を心に描いてそれに思念集中《しねんしゅうちゅう》をするけれども、それがなかなか現実にあらわれて来ないのは、この第三段階を第一にもって行って、第一の神は絶対善《ぜったいぜん》なる普遍神《ふへんしん》なること、第二の実相《じっそう》と現象《げんしょう》との判別《はんべつ》と信仰《しんこう》とを無視しているからであります。

イエスはこのような法則《ほうそく》をよく了解《りょうかい》しておられたので、五千人に五つのパンと二つの魚《さかな》とを分《わか》った時にでも、先ず今与えられている僅《わず》かの食糧《しょくりょう》に対して、神に感謝《かんしゃ》し、神はすべてであって、既に無限の供給《きょうきゅう》が与えられているのであると、貧弱《ひんじゃく》な現象《げんしょう》を否《ひ》定《てい》し、実相《じっそう》の円相《えんそう》を肯定《こうてい》し、しかして既に多くの者の食《しょく》に満ち足りている相《すがた》を観《かん》ぜられたのであります。そうするとそれが現実にあらわれて来たのです。

とにかく先ず吾々《われわれ》は祈ることです。しかし吾々《われわれ》の「祈り」は、断定的《だんていてき》な「肯定《こうてい》の祈り」でなければなりません。すがりついて懇請《こんせい》するような、乞食《こじき》のような祈りや、「もし……ならば」というような疑いの祈りであるならば、その祈りは実現しないのであります。最も偉大なる霊的業績《れいてきぎょうせき》をあらわした者は、世俗的《せぞくてき》な智者《ちしゃ》ではなく、無限の愛を胸中《きょうちゅう》に抱《いだ》き、法則《ほうそく》に最も従順《じゅうじゅん》な幼《おさ》な児《ご》のような心の持主《もちぬし》であります。それ故《ゆえ》あなたは次の如《ごと》く祈ることが大切です。

『吾《われ》は無限の全能者《ぜんのうしゃ》を信ず。吾《われ》は断じて明日《あす》をも、また一分後の未来をも心配しない。

吾《われ》は神が神の御意《みこころ》を成就《じょうじゅ》する用意を完備《かんび》し給《たま》うていることを知る、しかして吾《われ》はその神の御意《みこころ》そのものである。』

この神の理念《りねん》が神の子人間であり、吾々《われわれ》に宿《やど》り給《たま》うキリストであり、この真の実相人間が六日にして完成せられて『神に象《かたど》りて神の像《かたち》のごとくに神人《かみひと》を造《つく》り給《たま》い』、はなはだ善《よ》しと言い給《たま》うたところの「本当の人間」であります。この真の人間があなた自身なのであって、それは既に六日にして実現している実相身《じっそうしん》であり、神はこの神の子を通して完成を表現し給《たま》うのであります。

あらゆる心配や恐怖《きょうふ》をすてて、神を信じ、神に全託《ぜんたく》するとは、決して何もしないで坐《すわ》り込んでいることを言うのではないのです。『我《わ》が父は今に到《いた》るも働き給《たま》う、されば我《われ》も働くなり』

とキリストは言われたのであります。吾々《われわれ》は神の既につくり給《たま》うたところのものに形を与える使命をもっているのです。吾々《われわれ》は神の創造の創世記《そうせいき》第一章に示された通りの方法で、神に従い、神を実現するところの使命をもっているのであります。

六、心に描いた富《とみ》が形にあらわる

富《とみ》とは物《もの》の所有《しょゆう》ではないのであって、与えられたという意識《いしき》であり自由になったという認識《にんしき》であります。もし物の所有が富であれば、どの人も同一程度の物の所有で満足しそうなものでありますが、そうでないことによっても真の富とは物ではないという事がわかるのです。即ち富は心の中にあるのであって、繁栄《はんえい》は金をためることでもなく、良き環境《かんきょう》をつくることでもなく、意識《こころ》を支配しうるところの或《あ》る観念《かんねん》によってもたらされた一状態であります。即ち吾れ勝てりという心の状態であります。そうして吾々《われわれ》がこのような心に切り変るならば、次にそれにともなって環境も変って豊かになることは勿《もち》論《ろん》でありますが、とにかく物が先ではなく、心が先であります。それですから、かかる「世に勝つ心」を獲得《かくとく》せずして突如《とつじょ》として金を与えられた者は、その金をたちまちのうちに消費《しょひ》してしまうのであります。これに反して富者《ふうじゃ》たる資格のあるものは、自分から絶《た》えず富の雰囲気《ふんいき》を発散《はっさん》しているので、別にアクセクと働いていないように見えても、彼は自《おの》ずから富まされているのであります。それは心の問題であり、物を引きつける雰囲気《ふんいき》の力であります。彼は富の心をもっているが故《ゆえ》に富むのであります。

吾々《われわれ》は富をかきあつめるのではないのであります。そうではなくて、富《とみ》の観念《かんねん》を喚起《かんき》するのです。それは即ち有用《ゆうよう》な、建設的なあらゆる人類の福祉《ふくし》に対する奉仕《ほうし》の観念でありますす。その観念があるところには無限の供給《きょうきゅう》が行われるのであります。それは必要な時に必要なものが集って来るところの状態であって、富の堆積ではないのです。金をためたり物を貯《たくわ》えたりすることはもはや必要ではないのです。何故《なぜ》なら吾々《われわれ》自身が無限の供給源《きょうきゅうげん》なる神と直結《ちょっけつ》しているからであります。それ故吾々《ゆえわれわれ》はもはや富を失う恐《きょう》怖心《ふしん》を抱《いだ》かないのです。富が悪である場合は、それは富をもつこと自体が悪であるのではなくて、物質的《ぶっしつてき》な利己主義の心をもつ時その心が悪とみなされるのであります。富に執着《しゅうじゃく》し、金銭を循環《じゅんかん》せしめないで死蔵《しぞう》する時、その利己心が悪いのであって、富を有用な仕事に投入し、大衆の福祉に寄与《きよ》している者は、国家を救済する者だと考えられるのであります。このような富想《ふうそう》を多く抱いている人々のいる国家は富み栄えるし、貧想《ひんそう》(貧窮《ケチ》の想念《そうねん》)を抱いている人々の多い国家は貧乏《びんぼう》国家となる他《ほか》はないのであります。

しかしながら人間はただ富の想念を抱いて、じっとしてばかりいたのでは駄目《だめ》であります。法則《ほうそく》を想念《そうねん》にとどめることなく、それを実現せしめることが必要です。これには、富想《ふうそう》を起して神の御心《みこころ》を吾《わ》が心とし、神の無限供給《むげんきょうきゅう》を信じてその心の中に湧《わ》き上《あが》って来る(神想観《しんそうかん》によって湧《わ》き上《あが》る)思いを、喜んで直《ただ》ちに完全に実行することであります。そうすればその思いつきは、かならずよき結果をもたらすのであります。あなたはあなたの心に起る想念《そうねん》を自由に処理《しょり》することが出来るのです。あなたは或《あ》る想念を拒否《きょひ》して、他《た》の想念を肯定《こうてい》し、その肯定した想念をもち来《きた》すことが出来るのです。あなたは完全に今、この場に於《お》いて、あなたの想念の世界の主人公であります。この主人公たるの権利《けんり》に目覚《めざ》めて、心の支配権《しはいけん》を活用《かつよう》した者が、神の国に入《い》るところの鍵《かぎ》を得た者であります。

あなたはいささかも未来に対し不安を抱《いだ》いてはならないのです。もしそのような不安の念が起って来るならば、断乎《だんこ》としてこれを拒否《きょひ》することが必要です。宇宙は何の支《し》柱《ちゅう》もなく法則によって支えられているではありませんか。その宇宙の中の一員であるあなたが、同じ法則によって支えられていないはずはないのであります。

あなたが真に求むるものは必ず与えられるのです。これが法則《ほうそく》であります。しかしあなたは、それを受けるためには「常に目を覚《さま》し居《い》る」ことが必要であります。よく人々は、祈りがかなえられないというけれども、それは祈りがかなえられないのではなく、祈りの応《こた》えが与えられても、その応《こた》えをうけとることが出来ないだけであります。即ち祈りのかなえられるチャンスを、吾々《われわれ》が目覚《めざ》めていないために、見逃しているのであります。もしあなたが金を求めるならば、天使が空から舞い降りて、金《きん》の大皿《おおざら》をささげてくれることを求めてはならないのです。「金《かね》を造り出す機会」が訪れるのを目を覚《さま》してまちうけていて、その機会をすかさずつかまえなければ、いつまでたっても金《かね》は与えられないのであります。

創世記《そうせいき》によると、六日目に神は人間を神に象《かたど》り神の像《かたち》の如《ごと》くに創造《つく》り給《たま》うたのでありますが、これは神が人間のような姿形《すがたかたち》をした生物だという意味ではないのです。神は「霊《れい》」でありますから、姿形《すがたかたち》のなきものであります。神は普遍的実体《ふへんてきじったい》であり、実体を生命づける大生命であり、それを結合《けつごう》せしめる「愛」そのものであります。

更《さら》に人間の想像《そうぞう》（創造《そうぞう》）する心がなければ何も出来ないのであります。パンを作るのでもいかにパンをつくる物的材料《ぶってきざいりょう》が整っていても、それを作る人が心の中にパンの塊《かたまり》を想像する（描く）ことなくしてはパンを造ることは出来ないのであります。同様のことが繁栄《はんえい》についても言えるのです。実体は宇宙のあらゆるところにみちみちているのであるが、吾々《われわれ》が想像力《そうぞうりょく》（創造力《そうぞうりょく》）を働かせることがなかったならば、欲するものを形にあらわすことは出来ないのであります。

病気でも貧乏《びんぼう》でもその他の如何《いか》なる否定的《ひていてき》な状態《じょうたい》でも、吾々《われわれ》がそれを招《まね》き、それを保持《ほじ》しないかぎり、決してあらわれることはないのです。人間がかかる欠乏《けつぼう》の意識《いしき》をもつのは、サタン即ち五感《ごかん》のまどわしに身をまかせて、肉体の動物力《どうぶつりょく》を支配するどころかそれに逆に支配されているからであります。吾々《われわれ》がこの内心《ないしん》の野獣《やじゅう》にうち克《か》った時、外界《がいかい》を自由に支配することが出来るのです。神は吾々《われわれ》に、この内心を支配する力を既に与えておられるのであります。ですから吾々《われわれ》はこの力を大《おお》いに活用しなければならないのです。吾々《われわれ》の経済的及び社会的な困難《こんなん》はすべて感覚人間《かんかくにんげん》の利己心《りこしん》にその源《みなもと》を発するのです。それ故《ゆえ》この吾々《われわれ》の内心の原因を刪除《さんじょ》(註・不用なものを削ること)しなければ、外界の困難は消えることはないのです。吾々《われわれ》人間は、モーゼが曠野《あらの》で蛇《へび》をあげたごとく、この感覚のまどわしをハリツケにかけて抹殺《まっさつ》してしまわなければならないのであります。

しかもこのような消極的《しょうきょくてき》な好ましからぬ考えを心からおいはらうことにのみ心の主力《しゅりょく》をそそいではならないのです。それよりもむしろ大部分の心の力を、明るい好ましい理想的な神の無限供給《むげんきょうきゅう》の世界を心に描いてそれをみつめる方向にふりむけることが必要であります。「吾《われ》神の子なり」「神のもち給《たま》うすべてを吾《われ》もうけつぐなり」と信ずることが第一です。

アメリカの歴史をふりかえってみても、所謂《いわゆる》不景気の時代になってからより一層多くの発明があらわれ改良《かいりょう》が行われているのであります。この事実は新しい考えは人間の内部に既にあるのであって、喚《よ》び出《だ》されんことを待ちのぞんでいるという事がわかるのです。吾々《われわれ》はいくらでも新しい生活の方法を見出し、新しい仕事の方法を発見することが出来るのです。吾々《われわれ》は過去の方法に制約《せいやく》されることは出来ないのです。吾々《われわれ》が内なる「聖霊《せいれい》」と交通し、新しい考えを求めるならば、新しい道は常に与えられるのであります。吾々《われわれ》は他人に奴隷《どれい》の如《ごと》く頼るという考えをすて去ることです。そして自《みず》から創造者となることであります。そこに真の幸福と成功とがあるのです。

とにかく人間はもっと「豊かな心」を起さねばなりません。多くの幸福をうけいれるためには、大きな容器を用意することです。そうすれば大《おお》いなる繁栄《はんえい》が与えられるのです。しかしそれには今与えられている小さな量のめぐみにも感謝《かんしゃ》することです。或《あ》る寡婦《かふ》が少量の油をもっていた時、エリシヤはその少量の油を祝福《しゅくふく》し感謝を捧《ささ》げたのであります。そうすると次から次へと彼女が隣《となり》から容物《いれもの》を借りて来たけれども、そのいずれをも充《みた》すまで油がどんどん与えられたという旧約《きゅうやく》の話があります。大きな容物《いれもの》ばかりもって来ても、今与えられている少量のめぐみに感謝せぬ者には富《とみ》は与えられないし、いかに感謝しているようでも、神の無限供給《むげんきょうきゅう》に蓋《ふた》をして大きな容器《ようき》を幾《いく》らでもとり出して来ることが出来ない者には、やはり豊かなるものは与えられないのであります。

あらゆる実体《じったい》は、可視的《かしてき》であるにもせよないにもせよ、一つに連続しているのであります。心は既に形造《かたちづく》られていて暗示《あんじ》に対して感応《かんのう》するのであります。この暗示の像《ぞう》に従って、心は不可視《ふかし》なる領域《りょういき》から実体《じったい》を引き出して、吾々《われわれ》の手近《てぢか》にあるものを増殖《ぞうしょく》するのであります。これがイエスやエリシヤのなした増殖《ぞうしょく》の奇蹟《きせき》であります。

次に繁栄《はんえい》をあらわすのに必要な段階は、増殖を受ける心を用意することであります。もし吾々《われわれ》が雨を祈れば、傘《かさ》をもって行くのが当然です。列王紀略下《れつおうきりゃくげ》の第三章に書かれているように、エリシヤはどのようにして砂漠《さばく》の中の溝《みぞ》に水を満《みた》したかというと、先ずカサカサに燥《かわ》いた砂漠の中に溝を掘ったのです。それは王がエリシヤを信じて水が与えられる用意に、まだ水の与えられていないうちから溝を掘ったのであります。この溝を掘るという事が受け容《い》れ態勢《たいせい》をととのえることであって、神の無限供給《むげんきょうきゅう》をうけるのに欠くことの出来ない心構《こころがま》えであります。ちょうど水が容器《ようき》の中に流れ込むように、見えざる普遍的実体《ふへんてきじったい》が用意された所に流れ込んで来るのであります。しかし更《さら》にもう一つの重要な心構えは、神の無限供給《むげんきょうきゅう》の来る方法や道すじをあまり人間の考えで制限《せいげん》してはならないという事であります。宇宙の無限心《むげんしん》の働く自由が最大限にゆるされている時程《ときほど》、あらゆるよきものがあなたのところにふりそそいで来るのです。「無限者《むげんしゃ》」をあなたの心で束縛《そくばく》することをやめなさい。逆にあなたの心を「無限者」にまで拡大することであります。その時、あなたは「無限者《むげんしゃ》」そのものとなるのであって、「無限者」には当然無限の豊かさがあらわれてくるのであります。

七、家庭の繁栄《はんえい》

愛は世界で最も強力な牽引力《けんいんりょく》であり「完全なる愛は恐怖《きょうふ》を追放する」のであります。この愛を家庭にみちあふれしめる時、吾々《われわれ》の家庭はかならず繁栄《はんえい》するのです。家庭の中に繁栄をもたらすために為《な》すべき第一のつとめは、家庭からあらゆる否定的《ひていてき》な想念《そうねん》や言葉を追放することであります。そうして家庭の中に積極的《せっきょくてき》な肯定的《こうていてき》な恐怖のない愛にみちた雰囲気《ふんいき》をみなぎらすことであります。いかなる欠乏《けつぼう》の言葉も使わず、家庭の中の愛の牽引力をいささかも制限《せいげん》しないということです。細心の注意をはらって、家庭の雰囲気を豊かな観念《かんねん》で満《みた》すようなそういう言葉のみを使うことであります。そうすればかならず近い将来に於《お》いて、貧乏《びんぼう》というような「招《まね》かれざる客」は立ち退《の》いてしまうのであります。

金が足らないなどと言ってはならないのです。そう言う言葉があなたの懐《ふところ》からますます金を少《すくな》くするのです。或《あるい》は又今は苦しい時機《とき》であるとか金づまりの時節《じせつ》であるなどと言ってもならないのです。それらの言葉はますますあなた自身を自縄自縛《じじょうじばく》するのです。それでありますから、家中《いえじゅう》のものが心を一つにして、明るい言葉を使い、豊かなる神の恩恵《おんけい》に感謝《かんしゃ》する事が大切であります。

言葉は種子《たね》であって、その種子《たね》が目に見えざる霊的実体《れいてきじったい》の中に播《ま》かれた時、その種子《たね》はその種類に従って生育《せいいく》し結実《けつじつ》するのであります。「茨《いばら》から葡萄《ぶどう》を、アザミから無花果《いちじく》を収穫《しゅうかく》することは出来ない」のです。園芸家《えんげいか》は注意深く種子《たね》を選んで、よい収穫のとれるような立派な種子《たね》を播《ま》くのです。そのように吾々《われわれ》は吾々《われわれ》の家庭に「繁栄《はんえい》の花」を美しく咲かせるためには、よき言葉と想念《そうねん》の種子《たね》を選別して播《ま》くように心掛けねばならないのであります。

繁栄の法則《ほうそく》の第一は今与えられているもの及び将来与えられる全《すべ》てのものに対して、感謝《かんしゃ》の念を捧《ささ》げることであり、今与えられているものに対してあたかも不意《ふい》に宝物《ほうもつ》が与えられたかのように心から感謝することであります。この「感謝の念」があなたの心を新鮮《しんせん》にするのです。イエスが五つのパンと二つの魚《さかな》とに心から感謝した時、それが五千人の人を満腹《まんぷく》せしめて尚《な》お余《あま》りある食糧《しょくりょう》となってあらわれたのであります。かくのごとく「祝福《しゅくふく》」と「感謝」とは偉大なる力をもっているのでありますから、皆さんもこのイエスの例にならって、今与えられているごく僅《わず》かの恩恵《おんけい》に対しても感謝することでありますます。そうすれば、かならず次にはもっとすばらしい繁栄《はんえい》が与えられるのでありま す。ほめること、そして感謝することです。そうするとあらゆるよきものは生長《せいちょう》し増《ぞう》殖《しょく》するのであります。

あなたの家庭に今あるいかなるものをもくさしてはならないのです。もしあなたが何か家具や布地《ぬのじ》を新しく買いかえようと思うならば、今ある家具や布地を、「古い」とか「みすぼらしい」と言ってくさしてはならないのです。あなたの言葉にあくまでも気をつけなさい。あなたはただ、神の子として最もふさわしい家具をもち、理想的な家の中に住んでいるのであると思うだけでよいのです。こうして家の中に富《とみ》と豊かさの種子《たね》を播《ま》くのです。そうすればそれが必ずあなたに与えられるのであります。あなたの家庭は「愛の磁石《じしゃく》」であり、あらゆる好ましきものを無限供給《むげんきょうきゅう》の貯蔵庫《ちょぞうこ》から引き出すのであります。

しかし豊かな生活を送るという事は、何も人工的にキラビヤカな華美《かび》な浪費《ろうひ》の生活を送るという事ではなく、簡素で自然な生活であってしかも豊かな生活であることが可能であります。素朴な生活と貧乏《びんぼう》との間には大変な相違《そうい》があります。或《あ》る種の人々は体裁《ていさい》とか人のおもわくとかを重視して、外面的な華《はな》やかさのみを求めるのですが、実は吾々《われわれ》は人の讃美《さんび》よりも神の称讃を求めなければならないのです。吾々《われわれ》は真に吾々《われわれ》に必要なものの充分満《みた》されている素朴《そぼく》にして豊かなる、創造的な、個性的な生活を送らなければ真に神の子人間であるとは言い得ないのであります。

素朴な生活は貧乏《びんぼう》でもなければ苦行でもないのです。それは厳粛《げんしゅく》ともちがうし放肆《ほうし》（註・わがままなこと、気ままなこと）なる贅沢《ぜいたく》ともちがうのです。それは自然な、自由な、子供のような、そのままの生活様式であり、人間がこの精神の素朴と独立性とを把握《はあく》するまでは、真の繁栄《はんえい》（或《あるい》は富《とみ》）とは如何《いか》なるものであるかという事を知ることは出来ないのです。素朴な生活は平和であり、満足であり、喜びと愛との生活であり、この生活は神を思い霊《れい》と真理に於《お》いて神を礼拝《らいはい》することによってのみ到達することが出来るのであります。

「愛」が無限の豊かなる宝庫《ほうこ》を開く鍵《かぎ》を用意してくれるのです。愛は吾々《われわれ》の中に寛大《かんだい》さを開発するのです。吾々《われわれ》が他人を愛し祝福《しゅくふく》しはじめる時、他人の中にも寛大さが生れてくるのです。そして吾々《われわれ》が神を愛するならば、神も又吾々《われわれ》を愛し給《たま》い、寛大さを示し給《たま》うていることを知るのです。そこであなたが神を愛し神に感謝するならば、あなたには間もなく色々のすばらしいものが与えられるのであります。神のことを考えるだけで、あなたの必要とする物が与えられるばかりでなく、全《まった》く予期《よき》しなかったようなすばらしいおかげまでも与えられるのです。実に多数の人々がこの法則《ほうそく》を実地《じっち》に証明《しょうめい》して、幸福な豊かなる生活を送っておられるのであります。

実業家《じつぎょうか》や工業家《こうぎょうか》は愛によって多くの金銭《きんせん》を獲得《かくとく》しています。しかしその愛が神を愛する愛でなくして、金のみを愛する愛であるならば、彼には一時的に金があつまって来るにしても、それを支える神の理念《りねん》がないものであるから、やがて破産してしまう他仕《ほかし》方《かた》がないのです。吾々《われわれ》が霊的《れいてき》な意識《いしき》を発達せしめて、このような金や物質《ぶっしつ》に対する低い愛をば、神に対する高い愛及び神のつくり給《たま》うたすべての人々に対する愛にまで高めるならば、無限供給《むげんきょうきゅう》の神の心は永久に吾々《われわれ》にそれだけの豊かなる生活を保証《ほしょう》してくれるのであります。

イエスは吾々《われわれ》が祭壇《さいだん》に供物《そなえもの》をささげる時、先ず兄弟と和解《わかい》せよと教えられたのであります。イエスは、吾々《われわれ》が神の愛と御力《みちから》とに触《ふ》れるためには、先ず吾々《われわれ》が兄弟(すべての人間)と仲好くならなければならないと教えられたのであります。即ち『天地一切の者との和解《わかい》』が成立した時、はじめて吾々《われわれ》は神の恵みの霊波《れいは》をうけることが出来るのです。即ち神の無限の富《とみ》は、吾々《われわれ》が天地一切《てんちいっさい》の者と仲好《なかよ》くなり、お互いに感謝《かんしゃ》し合うようになった時あらわれるのであります。

ですから吾々《われわれ》は貧乏人《びんぼうにん》とも、又金持《かねもち》とも仲好《なかよ》しにならなければならないのです。金持をとがめたり憎《にく》んだりするようなことでは駄目《だめ》であります。そのようなことをすれば、あなたの潜在意識《せんざいいしき》が「金持」を拒否《きょひ》して、あなた自身を金持にしないのです。他人《ひと》がどうやってその金を儲《もう》けたかなどと、下《くだ》らぬ詮索《せんさく》をするのはやめなさい。それはあなたのなすべき仕事ではないのです。あなたのなすべきことはただ「愛する」ことです。「愛が法則《ほうそく》を完成する」のであります。恐怖《きょうふ》するな、心配するな。何を食《くら》い何を飲み何を着んと思い煩《わずら》うな。心配はあなたから善きものを奪《うば》い去る盗賊《とうぞく》であります。それ故吾々《ゆえわれわれ》は心配を放棄《ほうき》するために、次のように思念《しねん》する事です。

『神の愛は、私に必要なものを、ゆたかに供給《きょうきゅう》し給《たま》い、益々《ますます》増加せしめ給《たま》うのである。』

意志が繁栄《はんえい》をもたらす上に大きな役割を果《はた》しています。そこで吾々《われわれ》は強い意志を働かせて、家庭の中から無秩序《むちつじょ》を取りのぞくべく次の如《ごと》く黙想《もくそう》の中《うち》に宣言《せんげん》するのであります。

『私は秩序正しいのである。私は秩序正しい。私はあらゆる仕事を組織立《そしきだ》ってなすのである。私は組織的である。私は秩序正しい。私は能率的《のうりつてき》である。』

更《さら》に意志を働かして忍耐強《にんたいづよ》くあるべきであります。あまりに早くあきらめてしまってはならないのです。物事《ものごと》の成就《じょうじゅ》するには一定の期間が必要です。そこで次のように宣言するのであります。

『私は決して失望落胆《しつぼうらくたん》しないのである。私は辛抱強《しんぼうづよ》いのである。私はあくまでも前進するのである。』

貧乏《びんぼう》は決して神の御意《みこころ》ではない。ただ人間が弱虫であるから、自分の失敗を神の意志に転嫁《てんか》せしめて自分の感情をなぐさめているだけであります。神の意志は全《すべ》ての人が健康であり、幸福であり、繁栄《はんえい》することであります。

繁栄する家庭を持つためには、その家庭をあらゆる神の子等《ら》に繁栄を与え給《たま》い決して悲しみを与え給《たま》わないところの「神の住居」にすることです。それには神の御意《みこころ》を知ってそれを実行しようと決心しなければなりません。そうして次の如《ごと》く宣言《せんげん》するのです。

『私は神の御意《みこころ》を為《な》すことによって成功せんと決意したのである。』

この言葉の中に全《すべ》ての法則《ほうそく》が含まれているのです。神は吾々《われわれ》が受けようと思っているよりはるかに沢山《たくさん》のものを与えたくて仕方《しかた》がないのであります。吾々《われわれ》のなすべきことは、神の御意《みこころ》を知り、神が何を与えんとしておられるかを知り、神の御恵《みめぐ》みを全面的に受け容《い》れるように自分自身を開放することであります。

イエスは『言《ことば》は霊《れい》なり生命《いのち》なり過ぎ去る事なし』と言っておられます。エマーソン

（註・R・W・エマーソン。一八〇三〜一八八二。アメリカ・ボストンに生まれる。思想家、哲学者。アメリカ・ニューソートの祖とも言われる）は「言葉は生きている、汝《なんじ》がそれを中断すれば血が流れるのである」と言っています。言葉の力をよく認識《にんしき》しなければならないのです。そして「真理の言葉」「繁栄《はんえい》の言葉」のみをつかって、断定的《だんていてき》な言葉をつかい、それを宣言《せんげん》によって強化することが大切です。もし物事《ものごと》がなかなか成就《じょうじゅ》しないように思われる時には、「自分は忍耐強《にんたいづよ》いのである」と強く思念《しねん》して断定しなさい。もし消極的《しょうきょくてき》な想念《そうねん》があなたの心にしのび込むならば、「自分は積極的《せっきょくてき》である」と断定《だんてい》しなさい。結果のみをくよくよ心配しないで、もっと楽天的《らくてんてき》になりなさい。「吾《われ》は繁栄《はんえい》する」と断言《だんげん》しなさい。イエスは実に積極的《せっきょくてき》で断定的であったからして、かくも偉大なる仕事をなしとげたのであります。

八、繁栄《はんえい》への道・什一献金《じゅういちけんきん》

汝《なんじ》の霊《たましい》と、汝《なんじ》の収入《みいり》の初穂《はつほ》をもって神をばほめまつれ。かくて汝《なんじ》の穀庫《くら》は豊かに満ち、汝《なんじ》の大桶《たる》は新しき酒にあふれん。

旧約聖書《きゅうやくせいしょ》の全篇《ぜんぺん》を通じて什一献金《じゅういちけんきん》は、神を無限供給《むげんきょうきゅう》の源泉《げんせん》であると認めて、神に対する報恩《ほうおん》を行う正しき方法であると繰返《くりかえ》しのべられているのであります。ヤコブ（註・旧約聖書の「創世記」に登場するイスラエルの族長）は天使の昇《のぼ》り降《くだ》りする階梯《はしご》の幻《まぼろし》を見て、その場所に枕《まくら》の石で柱をたて神を礼拝《らいはい》してこう言ったのであります。

『もし神我《われ》とともにいまし、此《この》わがゆく途《みち》にて我《われ》をまもり食《くら》うパンと衣《き》る衣《ころも》を我《われ》にあたえ、我《われ》をしてわが父の家に安然《やすらか》に帰ることを得《え》せしめたまわば、主《しゅ》の神をわが神となさん。又わが柱にたてたる此石《このいし》を神の家となさん。又汝がわれにたまう物は皆かならず其十分の一を汝にささげん。』（創世記《そうせいき》第二十八章）

ところがマラキ書（註・旧約聖書の一篇）の第三章には、誠《まこと》の信仰《しんこう》をもって神にささげるとき神の御恵《おめぐ》みは天降《あまくだ》るのであると言うことが示されており、このささげ物や什《じゅう》一献金《いちけんきん》はそれをなすことが正しく、神に神の分け前の御礼を言いたくて仕方《しかた》がない故《ゆえ》になされるのであって、それが義務だから仕方《しかた》なしに捧《ささ》げるというのではなく、又捧物《ささげもの》をすれば良き報《むく》いがあるであろうと、その報いの方《ほう》を目当てにしてなされるのであってはならないという事が書かれているのであります。

『我《われ》にかえれ、われ亦《また》なんじらに帰らん。』（マラキ書第三章）

かく言われるのは、神に感謝《かんしゃ》し神の懐《ふところ》に立ち帰った時、神は人々に全面的にあらわれ給《たま》うのであるという意味であります。

このように先ずお礼を言い感謝をあらわすことによって、又有難《ありがた》い報《むく》いが得《え》られるという事は、イエスも次のように教えておられるのです。

『人に与えよ、然《さ》らば汝《なんじ》らも与えられん。人は量《はかり》をよくし、押し入《い》れ、揺《ゆす》り入《い》れ、溢《あふ》るるまでにして、汝《なんじ》らの懐中《ふところ》に入《い》れん。汝等《なんじら》おのが量《はか》る量《はかり》にて量《はか》らるべし。』（ルカ伝六ノ三八）

神の恵みとあらゆる霊的《れいてき》な恩恵《おんけい》は「与えよ、さらば与えられん」という神の法則《ほうそく》を守った者に与えられるのであります。

「与える者は、より多く与えられ、今与えられている以上を求めて与えることをしない者は、欠乏《けつぼう》をのみ味《あじわ》うのである。自由なる魂は肥《こ》え太るのである。水そそぐ者は、自《みずか》らも水注《そそ》がれるのである。」

「美しき眼《め》をもつ者は祝福《しゅくふく》される、彼は貧しき者に自《みずか》らのパンを与えるからである。」

「豊かに播《ま》く者は、豊かに刈《か》り穫《と》るのである。」

「豊かなる水の傍《かたわ》らに播《ま》く者は幸福《さいわい》なるかな。」

吾々《われわれ》は人間の想像も及ばない位大《くらいおお》いなる完全なる神の恵みによって生かされているのであります。それ故什一献金《ゆえじゅういちけんきん》をなし、自分の収入の十分の一を神にささげるという事は当然であって、これをなすことが昔も今もかわらないところの繁栄《はんえい》の道でありまます。何故《なぜ》なら愛は愛を呼ぶからです。与えることを実行するのが愛であり寛大《かんだい》であり、それは父なる神の心の愛と寛大とに感応《かんのう》するのであります。

パウロは、コリント後書《こうしょ》（註・新約聖書の一篇）に於《お》いてのべられているように、エルサレムの貧しい兄弟達にやさしい贈物《おくりもの》をしたのでコリント人たちから非常に好感をもたれたのであります。与えない人の魂は萎縮《いしゅく》するが、与える人の魂は拡大し、神の如《ごと》く自由に寛大《かんだい》になりうるのであります。神に与え神に捧《ささ》げることなくして神の悦《よろこ》びと自由とを味うことは出来ないのであります。パウロはコリント前書《ぜんしょ》（註・新約聖書の一篇）に於《お》いて、この「与える」という愛行《あいぎょう》を訓練する簡単な実際的方法を次のように示しています。

『一週《ひとまわり》の首《はじめ》の日ごとに、各人《おのおの》その得《う》る所にしたがいて己《おの》が家に貯《たくわ》え置け、これ我《わ》が到《いた》らんとき始めて寄付《きふ》を集むる事なからん為《ため》なり。』

これは即ち各人が宝の庫《くら》を建設するために献金《けんきん》をする方法がのべられているのであって、この宝の庫《くら》が神の庫《くら》として祭礼《さいれい》や伝道につかわれるので、各人は規則正しく献金する規則《きそく》になっていたのであります。かくのごとくすることによって献金者《けんきんしゃ》は神の物品《ぶっぴん》の管理者となり、よき管理者となるための訓練がなされていたのであります。愛をもって与えることによって、現代でも、又いつの時代にでも、人間は最も迅速《じんそく》に進歩し生長《せいちょう》するのであります。かくのごとく神に捧《ささ》げるために毎週、或《あるい》は毎日幾何《いくばく》かの金銭《きんせん》を用意する習慣《しゅうかん》をつけた人は、思いもかけない位《くらい》の多くの金が自由に献金《けんきん》出来る事実を発見するのです。毎日毎日ごく僅《わず》かの貨幣《かへい》を献金のために保留《ほりゅう》して置くだけで、神の教えに報謝《ほうしゃ》する入費《にゅうひ》はかならず支払い得《う》るのであり、それのみならず、その与える心によって更《さら》に更《さら》に多くの無限供給《むげんきょうきゅう》が与えられるのであります。

与えることを真に神の御意《みこころ》にかなった行為たらしめるためには、次のような注意が必要であります。第一は、心から喜んで与える事であります。神は「悦《よろこ》びをもって与える者」を愛し給《たま》うのであります。第二に、献金《けんきん》や報謝《あたえること》は信仰《しんこう》をもってなされねばなりません。信仰のある時には、いかなる捧物《ささげもの》もいと卑少《ひしょう》に思われて、それを躊躇《ちゅうちょ》するという事がないのです。又実際に信仰ある時は、いかなる小さきほどこしでも大いなる恵みを生み出すのであります。例えばエリヤが飢《う》えていた時エリヤを養った寡婦《かふ》は、エリヤに彼女の貧しい食事の最後の一掬《いっきく》をもってパンをこしらえて与えたのであったが、彼女の信仰と彼女の恵み深い愛の報《むく》いとして、エリヤのみならず、寡婦《かふ》とその息子達のために日々《ひび》豊かなる食物《しょくもつ》が与えられたという記録があります。(列王紀略《れつおうきりゃくじょう》上十七章)

エリヤが、

『其桶《そのおけ》の粉《こな》は竭《つき》ず、其瓶《そのびん》の油は絶《た》えず。』

と言った如《ごと》く彼女には無限の供給《きょうきゅう》が天降《あまくだ》ったのであります。これは彼女が自《みずか》ら飢《う》えんとする際であるにも拘《かかわ》らず、大《おお》いなる愛と信仰《しんこう》とをもって預言者《よげんしゃ》に食《しょく》をめぐんだところの功徳《くどく》によるのであります。

同様の真理が新約聖書《しんやくせいしょ》の中にものべられていて、捧《ささ》げ物の量ではなくて、それを捧げる人の精神《こころ》が捧《ささ》げ物の価値と力とを決定するのであるということを明らかに示しています。

『イエス賽銭箱《さいせんばこ》に対《むか》いて坐《ざ》し、群衆《ぐんしゅう》の銭《ぜに》を賽銭箱に投げ入《い》るるを見給《みたま》う。富《と》める多くの者は、多く投げ入れしが、一人の貧しき寡婦《やもめ》きたりて、レプタ二つを投げ入れたり、即ち五厘《ごりん》ほどなり。イエス弟子《でし》たちを呼び寄せて言い給《たま》う「まことに汝《なんじ》らに告《つ》ぐ、この貧しき寡婦《かふ》は、賽銭箱に投げ入るる凡《すべ》ての人よりも多く投げ入れたり。凡《すべ》ての者は、その豊《ゆたか》なる内よりなげ入れ、この寡婦《かふ》は其《そ》の乏《とぼ》しき中より、凡ての所有《もちもの》、即ち己《おの》が生命《いのち》の料《しろ》をことごとく投げ入れたればなり。』（マタイ伝一二ノ四一―四四）

この貧しき寡婦《かふ》は「信じて与える」とは何であるかという事を示したのであるが、かくもイエスによって褒《ほ》め讃《たた》えられた彼女の献金《けんきん》は僅《わず》か五厘《ごりん》であった。しかし信仰に於《お》ける献金はその外観《がいかん》ではなくて、心であり愛であり信《しん》であり、全生命を与える心であり、それはイエスの時代といえども今の時代といえども全《まった》く同じであります。

第三に必要な「与える」ことについての注意は、捧《ささ》げものは各自の全収入に相応《そうおう》したものであるべきであって、パウロはこれを『各人《おのおの》その得《う》る所にしたがいて』と説《と》いているのです。しかしこれは或《あ》る程度の大体の規準《きじゅん》であって、各人《かくじん》はその信仰《しんこう》や判断や意志を練磨《れんま》するために自由にどれだけでも捧《ささ》げる自由があるのであります。

しからば吾々《われわれ》は、誰《たれ》に「与える」のであるか、又何時《いつ》「与える」のであるかということが問題になって来ます。そこには神の智慧《ちえ》が働いておらないと、溝《どぶ》に金をすてるような結果にならないとも限りません。これは非常に大切なことでありますが、結局は各人の心の中にあらわれる「神の叡智《えいち》」に信頼する他《ほか》はないのであります。別に外部からそれを決定すべき目安《めやす》はないのであります。個人の幸福を決定するものは結局その人自身の自由意志《じゆういし》であり、信仰と愛と智慧《ちえ》の深さによるのであります。

しかし霊的報謝《れいてきほうしゃ》の根本法則《こんぽんほうそく》を研究することは、これらの人間の神性《しんせい》の開発のために非常な助力《じょりょく》を与えます。真に愛ふかいところの与える気持には二重の悦《よろこ》びがあります。第一の悦びは神の祭壇《さいだん》の前に捧物《ささげもの》を置くという悦びであり、第二の悦びは神の御恵《みめぐ》みを他人《ひと》と共に分《わか》ち合うという悦びであります。前者《ぜんしゃ》は智的《ちてき》に正しいことをしているという悦びであり、後者《こうしゃ》は「愛」のよろこびであります。

あらゆる時代の宗教は「捧物《ささげもの》」をすることを重要な一つの礼拝儀式《らいはいぎしき》としています。しかし現代では、吾々《われわれ》はかくもゆたかなる神の御恵《みめぐ》みの中にあるのでありますから、本当の報謝《ほうしゃ》とは何であるかということを知るべき段階に達しているのです。吾々《われわれ》にはただ単に古くからある捧物《ささげもの》の制度のまねをするだけで足れりとせず、その捧物《ささげもの》の真の意味は、吾々《われわれ》がありかつもつところの全てのものを神にささげて神のものとすることだという点に目醒《めざ》めなければならないのです。かくて吾々《われわれ》は全《すべ》てを神にささげ神のものが全《すべ》てであると実感することによって、吾々《われわれ》は個人の生命を脱出して自分自身を宇宙と一体《いったい》ならしめ、かくて吾々《われわれ》の生命の内と外とが交流し、神の生命と愛と恵みが吾々《われわれ》に流れ入り又流れ出る。これが法則《みこころ》を信じ服従《ふくじゅう》して愛の捧《ささ》げものをする祝福《しゅくふく》されたる結果であります。

預言者《よげんしゃ》マラキが人々に、お前達は神のものを盗んでいると言い、お前達は神に忠実に捧《ささ》げものをしていると考えているがそうではないのだと言った時に、人々は非常におどろいたのであります。今日《こんにち》でも人々に、お前は神の法則《ほうそく》に忠実でないと言うならば非常に驚くでありましょう。或《あるい》は自分は何も神のものをぬすんでいないと言うかもしれません。しかし何よりもわすれてならないことは『全《すべ》てのよきものはみな神より来《きた》る』ということであります。吾々《われわれ》の生命は神より頂いた生命であって、自分勝手につくり上げた生命ではないのであります。されば神のために何を捧《ささ》げても捧げすぎるという事はないはずです。しかもユダヤ人達は十分の一の収入をささげるところの什一献金《じゅういちけんきん》の制度をつくり、形式的にであってもこれをまもって来たのであります。しかしなおかつマラキによって、「お前達はまだ真の什一税《じゅういちぜい》と献物《ささげもの》とをおこたっているぞ」と忠告されているのです。什一献金どころか一銭も神に報謝《ほうしゃ》しないで、ただ神から無限供給《むげんきょうきゅう》の与えられんことのみを願っているような利己主義者達は、全《まった》く問題にならない盗賊《とうぞく》であると言われても仕方《しかた》がないのであります。マラキを通して神の聖霊《せいれい》はこう言っています。

『わが殿《みや》に食物《しょくもつ》あらしめんために、汝《なんじ》ら什一《じゅういち》をすべて我倉《わがくら》にたずさえきたれ。而《しか》して是《これ》をもて我《われ》を試み、わが天の窓をひらきて容《い》るべきところなき迄《まで》に恩沢《めぐみ》を汝《なんじ》らにそそぐや否《いな》やを見るべし、万軍《ばんぐん》のエホバこれを言う。我《われ》また噬食《かみくら》う者をなんじらの為《ため》に抑《おさ》えて、なんじらの地の産物をやぶらざらしめん。又なんじらの葡萄《ぶどう》の樹《き》をして時のいたらざる前にその実《み》を圃《はたけ》におとさざらしめん。万軍《ばんぐん》のエホバこれをいう。又万国《ばんこく》の人なんじらを幸福なる者ととなえん。そは汝《なんじ》ら楽しき地となるべければなり、万軍《ばんぐん》のエホバこれをいう。』

もしあなたが「与えること」と「受けること」との問題の幸福なる解決法《かいけつほう》を知りたい

と思われるならば、このマラキ書の第三章を充分研究することであります。これはあらゆる人々、あらゆる国民にとって実行しなければならない要目《ようもく》を示しています。これは農夫《のうふ》に対して問題解決の方法を教えると同時に、あらゆる階級の人々に繁栄《はんえい》の法則《ほうそく》を明示《めいじ》するのであります。これは簡単にみえるがすこぶる効果的な大法則であります。即ち繁栄の秘訣《ひけつ》は何であるかというと、神に什一献金《じゅういちけんきん》を捧《ささ》げることであり、或《あるい》は初穂《はつほ》をささげることであり、又これに等しき何らかの捧物《ささげもの》をすることであります。人が神に報恩《ほうおん》のまことをささげて後《のち》はじめて、人間は神から「天の窓をひらきて容《い》るるところなきまでに恩沢《めぐみ》をそそがれる」のであり、人間に害をあたえるものからまもられるのであります。「与える」という行為《こうい》が神の法則《みこころ》に感応《かんのう》するのです。何故《なぜ》かというと、それは神が全《すべ》てのよきものの「与え手」であるという真理を認めるからであります。もし吾々《われわれ》がすべての供給《きょうきゅう》の源泉《げんせん》が神であるという事を認めないならば、吾々《われわれ》は神よりの供給を無限につづけていただくことは出来ないのです。何故《なぜ》なら、「認めたもの」のみ存在《そんざい》に入《い》るからであります。

九、報《むく》いを求めず与えること

——什一献金《じゅういちけんきん》の原理《げんり》と方法《ほうほう》——

宇宙のすべてのものは神のものであります。そしてこれらの全《すべ》てのものは人間に利用され人間に喜びを与えるためにあるのでありますけれども、利己主義《りこしゅぎ》の人間は何一つそれをもつことは出来ないのです。人間の習慣《しゅうかん》や欲望以上のより高級なる法則《ほうそく》が、地上に正義と平等とをもたらすために働いているという事を認識《にんしき》する時、人間は什一献金《じゅういちけんきん》をおさめ、隣人《りんじん》を愛し、自分に対してしてもらいたい通りに他人《ひと》に対してなすなどのことを為《な》して、神の法則に従おうと決意することが出来るのです。こうして彼は、自分の利己主義や貪欲《どんよく》によって被《こうむ》るあらゆるごたごたから離れ去り、健康になり、繁栄《はんえい》し、幸福になるのであります。

ジョージア州の或《あ》る小さな教会の牧師《ぼくし》は、大部分綿《わた》を栽培《さいばい》している農夫達《のうふたち》から成《な》る信者に対して、「彼らの土地の十分の一を神に捧《ささ》げて、象鼻虫《ぞうむし》の被害からまぬかれるように神に祈れ」と提案したのです。この象鼻虫《ぞうむし》は数年間この地方の穀物《こくもつ》を荒らし廻《まわ》った害《がい》虫《ちゅう》です。集った農夫《のうふ》のうち七人はこの提案を実行しようと決意しました。ところが彼らが捧《ささ》げた什一献金《じゅういちけんきん》の土地に生じた穀物《こくもつ》には、何ら害虫《がいちゅう》をふせぐ手段を講《こう》じなかったにも拘《かかわ》らず、害虫は少しも侵入して来なかったのであります。そしてこの土地の綿《めん》の繊《せん》維《い》の質は、その近傍《きんぼう》の如何《いか》なる綿《めん》よりもすぐれていたのであります。あまりにこの実験の成功が顕著《けんちょ》であったので、この地方のすべての農夫達《のうふたち》は遂《つい》に什一献金《じゅういちけんきん》の計画に加わるようになったのであります。

このような多くの体験は、人々の目を醒《さ》まし、神と呼ばれている無限にして普遍《ふへん》なる生命原理に吾々《われわれ》人間は結ばれているのであるという真理をしらしめるのであります。かくの如《ごと》き生命原理《せいめいげんり》であり実在《じつざい》である神の生命《いのち》は、綿《めん》や小麦や、その他のすべての植物の色々の形を産み出す諸要素《しょようそ》の中にあるのであって、従ってもし農夫《のうふ》がこの生命原理を知り且《か》つそれと同調して働くならば、この生命原理もまた、彼と同調して彼の幸福のために働くのであります。もし各人が他人《ひと》を愛し他人《ひと》を理解してこの生命原理に同調するならば、今までよりも一層大きな穀物《こくもつ》がみのり、より一層豊かなるめぐみをうけることが出来るのは当然であります。農夫のみならず、銀行家でも、商人でも、あらゆる職業の人々はこの無限生長《むげんせいちょう》の原理《げんり》と同調して働くことが出来る。この無限の生命原理はいか

なる分野に於《お》いても感応《かんのう》しうるのであって、あらゆるところに遍在《へんざい》しているのでありま
す。所謂《いわゆる》無生物でも、この無限の生命に満ちあふれているのであり、金貨《きんか》ですら拡張《かくちょう》
し生長《せいちょう》しようという願望《がんぼう》にみたされているのであります。商人の取り扱う商品も、宇
宙を創造《つく》りそれ自身の中に生長《せいちょう》と増殖《ぞうしょく》の胚種《はいしゅ》を蔵《ぞう》している同じ霊的実体《れいてきじったい》から創造《つく》られ
ているのであります。それ故《ゆえ》あらゆる人々は日々《ひび》生命そのものを取り扱っているのであ
りますから、すべてのものの生命についての正しき認識《にんしき》をもって物を尊敬《そんけい》し、彼らのう
ける供給《きょうきゅう》の一部を神に捧《ささ》げる事によってこの尊敬をあらわすならば、そのような人々
はかならず繁栄《はんえい》するのであります。

実際に農夫《のうふ》であれば什一献金《じゅういちけんきん》を捧《ささ》げる事によって田畑の収穫は増加し、商人はよく
品物が売れるようになるし、事務家《じむか》は能力が増進《ぞうしん》して信用がふえるのです。この什《じゅう》
一献金《いちけんきん》の原理《げんり》は吾々《われわれ》の社会のあらゆる部門にわたって適用《てきよう》出来るのであります。いささ
かでもこの什一献金《じゅういちけんきん》が実行されているところでは、奉納者《ほうのうしゃ》はおどろくべき祝福《しゅくふく》をうけ
ているのであって、前にのべた綿花造《めんかづく》りの農夫のような実例は無数にあるのです。

更《さら》に次には、このようにして「与える」ことの尊さを知った人は、「与えたい」と思うようになるのが当然ですが、与えたいと思う人は多くても、いかにして与えるか、どこから先ず手をつけて行けばよいかという事に当惑《とうわく》している人が案外多いのであります。彼らはどれだけ与えればよいか、いつ、何回捧《ささ》げ物《もの》をすればよいかという事を知らないのです。この場合什一献金《じゅういちけんきん》の法則《ほうそく》が実に適当した指示を与えてくれるのであって、これは人類が直観的《ちょっかんてき》に把握《はあく》したすこぶる要領《ようりょう》を得た神の法則であります。しかもこの方法は数千年来実証《じっしょう》せられて来た最も確実な法則であります。即ち什一献金《じゅういちけんきん》とは各人の月給や、賃金《ちんぎん》や、手当《てあて》や、事業の収益《しゅうえき》や、商品販売の利益など、いかなる収入でもよろしいから、その十分の一を神に捧《ささ》げるという掟《おきて》であります。そしてこの十分の一の金額は何らかの精神的な宗教的仕事やそれに従事《じゅうじ》する人々の維持《いじ》のために捧げられるのであります。これは個人の入費《にゅうひ》の残金を捧げるなどというような心構《こころがま》えでは駄目《だめ》であって、先ず第一に収入の十分の一を差引《さしひ》いてから、その残りを生活の費用に当てるのでなければ本当ではないのです。何故《なぜ》なら、神はすべての渾《すべ》てであり、何ごとによらず神が第一であるからです。こうして後《のち》はじめて全《すべ》てのものが神の秩序《ちつじょ》に従って正しく適当に配置せられるのであります。

無限供給《むげんきょうきゅう》の原理《げんり》は、先ず人が神の国と神の義《ただ》しきとを求めるならば、あらゆるものは彼らに加えられるという原則《げんそく》であります。そして先ず神の国を求めるという最も実際的な賢明《けんめい》な方法の一つは什一献金《じゅういちけんきん》をおさめて、神に先ず第一に捧《ささ》げることであります。そうするとこれらの什一税納入者《じゅういちぜいのうにゅうしゃ》の喜びと幸福と繁栄《はんえい》とはあふれるばかりに流れ入《い》ることは既に数千年にわたって実証済《じっしょうず》みであります。

什一献金《じゅういちけんきん》を実行することに伴《ともな》う他《た》のおかげは、自分が受け取るものを継続的《けいぞくてき》に「送り出す」ことであり、それによってその人の心を善《よ》きものに対して開放し、貪欲《どんよく》を遠《おん》離《り》することが出来るのであります。一時的に大量の献金《けんきん》をし、次に長い間放《ほお》って置いて何もしないのでは、什一献金《じゅういちけんきん》に於《お》けるような永続的なおかげをうけることは出来ないのです。何となればその人の心の水路が兎角《とかく》するうちに恐怖《きょうふ》や欠乏《けつぼう》や自我心《じがしん》などの物質的想念《ぶっしつてきそうねん》で阻害《そがい》されるからであります。ところが什一献金《じゅういちけんきん》を献納《けんのう》する人は、絶《た》えず報謝金《ほうしゃきん》を出しているので、掴《つか》む心、恐れる心、限定する心などが起らなくなるのであります。什一献金《じゅういちけんきん》を行うことほど、人間の心から恐怖をのぞき、よきものを絶えず受け入れることが出来る方法は他《ほか》に見出せないのです。毎日でも、毎週でも、或《あるい》は各給料日にでも、とにかく収入のある時に、その十分の一を奉納《ほうのう》することが大切です。こうする事によって神を第一とし神に感謝《かんしゃ》する心は、生活に喜びと真の満足と繁栄《はんえい》とをもたらすのです。什一献金《じゅういちけんきん》は「法則《ほうそく》」の上に基礎を置いているから決して失敗することがないのであります。

神は吾々《われわれ》に完全に与え切りに与えて、いささかも返報《へんぽう》を求めないのであるから、そのように吾々《われわれ》も与えて報《むく》いを求めないことが肝要《かんよう》であります。お返しを伴《ともな》う「贈り物」は真の贈り物ではないのです。それは「賄賂《わいろ》」であります。吾々《われわれ》は自由に与え切らなければ殖《ふ》えないのです。宇宙は一つであり、一つ生命であり、自他一体《じたいったい》であるという法則を吾々《われわれ》が知った時、与えた贈り物は数倍に殖えて帰って来るのであります。与えたものがどれだけの人々の間を経《へ》めぐって祝福《しゅくふく》をもたらすかはわからないが、その与えた報《むく》いが返って来ることが遅《おそ》ければ遅い程《ほど》、それはより多くの人々の手を経《へ》めぐり、それだけ多くの人々の魂に祝福を与えているのであるから、功徳《くどく》もそれだけ大きいのです。

吾々《われわれ》は吾々《われわれ》のなした善行《ぜんぎょう》の返って来る通路を指定してはならないのです。あなたが与えたものが、あなたの与えた人を通って又帰って来るなどと考えてはならないのです。あらゆる人々は神に於《お》いて一体《いったい》であり、宇宙は一つ生命《いのち》の兄弟であります。「私があなたに与えたから、今度はあなたが私に与える番だ」というような我執《がしゅう》の要求をしてはならないのであって、その代りに、「少《すく》くともあなたが私の兄弟同胞《どうぼう》の一人にして下さったことは、即ち私にして下さった事である」と考えなければならないのであります。法則《ほうそく》は吾々《われわれ》自身にふさわしいものだけを吾々《われわれ》にもたらしてくれる、即ち、吾々《われわれ》が播《ま》いただけの種を刈り穫《と》るのであります。かならず報《むく》いは返って来るのであって、それは吾々《われわれ》が全然予期《ぜんぜんよき》しなかった通路を通って帰って来るかもしれないが、とにかくかならず帰って来るのであります。この法則をまぬかれることは出来ないのです。しかるに報《むく》いの返って来る道すじをこちらで指定してかかるという事は、無限供給《むげんきょうきゅう》の通路を遮断《しゃだん》してしまう結果になるのであります。

霊的《れいてき》にすぐれた心の人は法則を自我的《じがてき》な目的に利用しようとはせず、ただ与えることを愛するが故《ゆえ》に与えるのであります。彼はお返しを考えないで与え、愛以外の動機で与えるのではないからして、彼は法則のままにおしあげられ、彼にはより一層輝かしい返報《へんぽう》が返って来るのです。イエスが、『人に与えよ、然《さ》らば汝《なんじ》らも与えられん。人は量《はかり》をよくし、押《お》し入《い》れ、揺《ゆす》り入《い》れ、溢《あふ》るるまでにして、汝《なんじ》らの懐中《ふところ》に入《い》れん。』と言っておられることは真実であります。

神はおしみなくすべてのものを神の子なる人間に与え給《たま》うのであります。父なる神は吾々《われわれ》に与え給《たま》うことを悦《よろこ》び給《たま》うのであります。それ故《ゆえ》「父」のもち給《たま》う全《すべ》てのものは吾々《われわれ》のものであります。しかしながら吾々《われわれ》は信仰《しんこう》をもちその神の無尽蔵《むじんぞう》を要求する勇気をもたなければならないのです。

実業界《じつぎょうかい》で偉大な仕事をなしとげた人々は、彼ら流《りゅう》の考えではあるが、金を作る力に信頼しているのであります。霊的《れいてき》に偉大な仕事をなしとげた人は、神の御意《みこころ》をなすのであるという信仰《しんこう》をもちそれを実現する者であるという勇気をもっているのであります。

この信仰が更《さら》に「法則《ほうそく》はかならず成就《じょうじゅ》する」という断定《だんてい》によって支持された時、はじめて無限供給《むげんきょうきゅう》があらわれるのであります。

十、正しく与えよ、さらば豊かに受けん

「与えること」と「受けること」には法則《ほうそく》があって、もし吾々《われわれ》が繁栄《はんえい》をしようと思うならばこの法則をよく研究しなければならないのであります。それは「心の法則」であって、他《た》の法則に於《お》けると同様に学んで応用《おうよう》することが出来るのであります。イエス・キリストの教えが傑出《けっしゅつ》しているのは、この法則を実生活のあらゆる分野に応用したからであります。それは単に狭い意味で宗教《しゅうきょう》のみで取扱《とりあつか》わるべきものではなく、思考《しこう》と行為《い》と生活と存在《そんざい》との全般的な法則であります。それは単なる倫理学《りんりがく》ではなくして、実行《こう》すれば具体的に実生活に果実《かじつ》を結ぶところの具体的方法であります。それ故《ゆえ》イエス・キリストの教えは現代にも生き、実業《じつぎょう》の真の基礎となることが出来るのであります。キリストの教え給《たま》うた「与えること」と「受けること」との法則は、『人に与えよ、然《さ》らば汝《なんじ》らも与えられん』という事でありましたが、この真理はあらゆる吾々《われわれ》の社会的諸関《しゃかいてきしょかん》係《けい》のみならずあらゆる商業《しょうぎょう》上の諸関係にもあてはまる普遍的原理《ふへんてきげんり》であります。しかもこの真理はかくの如《ごと》く普遍的《ふへんてき》であると同時に不滅なるところの原理であって、しかも非常に強力な法則であり、あらゆる生活を支配する法則であります。しかも吾々《われわれ》は今までこの法則の真の深い意味を究明《きゅうめい》することなく、ただ単に表面的な研究をもって足《た》れりとしていたのであります。イエスは「現象《あらわれ》をみて判断するな」と教えておられるのですが、すべて外面的なあらわれの原因はその具《つぶさ》なる内面にあるのであるから、その内にあるところの「内在法則《ないざいほうそく》」をきわめることが大切です。即ち真の原因を把握《はあく》してはじめて如何《いか》なる結果が起るかがわかるのであって、原因を知らずして移り変る結果のみを追いまわしても何にもならないのです。そこで繁栄《はんえい》という「結果」を得《う》るためには、その真の「原因」を明らかにしなければならないのであります。

ごく最近になって次第に人々は、存在《そんざい》の真の原因に注意を払うようになったのであって、この原因はすべて霊的《れいてき》な或《あるい》は心の中にある問題であるということを悟るようになりつつあるのです。今はまだ彼らは物がすべてであると考え、物の世界に依然《いぜん》として執《しゅう》着《ちゃく》しているかもしれませんが、物の世界は実は結果の世界であり影の世界であるにすぎないという事がわかって来たのです。イエスの御教《みおし》えですら、彼らはこれを即物《もの》的に解釈《かいしゃく》していたからその真意《しんい》がわからず、したがって今までの教会キリスト教は実際の社会を善《よ》くすることにあまり力をあらわすことが出来なかったのであります。しかしキリストの御教《みおし》えはあくまで霊的《れいてき》な面から悟るべき啓示《けいじ》であります。真にこの啓示を悟る時、あらゆる不調和《ふちょうわ》は癒《いや》され、経済的な問題もすべて解決するのであります。

イエス・キリストは法律で人々や人々の行動を支配しようとは決してなさらなかったのであります。彼は十二弟子《でし》を召《め》して彼らを通じてすべての人々の中《うち》にある智慧《ちえ》と正直と善とにうったたえて改革《かいかく》を為《な》しとげようと試みたのであります。そこでイエスは、

『汝《なんじ》ら凡《あら》ゆる国々に行《ゆ》きて、凡《すべ》ての人に福音《ふくいん》をのべつたえよ。』

と言っておられるのです。そうしてさらにすべての想念《そうねん》と言葉とが現象《げんしょう》を動かす原動力となるという真理を説《と》いて、『汝《なんじ》らの言葉により汝《なんじ》らは義《ぎ》とせられ、汝《なんじ》らの言葉により汝《なんじ》らは罪《つみ》せられん』とも教えておられるのであります。実際に吾々《われわれ》は人々の心の中の想念が不幸を呼びよせ、病気をつくり、死をもたらすのであるという事を切実《せつじつ》に体験するのであります。又吾々《われわれ》は同時に、かかる誤《あやま》った想念を解消《かいしょう》することも出来るし改革《かいかく》することも出来るのであって、すべての人々は自分の意志の力でそれをなしうるの

であるという事実も発見したのであります。それ故《ゆえ》パウロはこの事実を、「汝《なんじ》らの心を新《あら》たならしむることにより、汝《なんじ》らを変えよ」と教えておられるのです。

破壊的《はかいてき》な想念《そうねん》として、貪欲《どんよく》、拝金思想《はいきんしそう》、所有欲《しょゆうよく》などの自我心《じがしん》があります。これらの想念は大《おお》いに全世界の文化と平和とを混乱せしめるところの欲望であります。この欲望を癒《いや》し不幸を救済《きゅうさい》する道は、結局明るい真理の想念を起すことであります。そうして更《さら》に我がものとては何一つなく、すべては一つの大生命から出たところの共通の生命であり、神のいのちそのものであるということを知ることであります。即ち、

『信じたる者の群《むれ》は、おなじ心おなじ思《おもい》となり、誰一人《たれひとり》その所有《もちもの》を己《おの》が物と謂《い》わず、凡《すべ》ての物を共《とも》にせり。』(使徒行伝《しとぎょうでん》四ノ三二)

というような状態になるのです。このような段階へ至《いた》る第一段階は現在の如《ごと》き、奉仕《ほうし》に対して報酬《ほうしゅう》を与える制度から更《さら》にすすんで、「自由意志献金制度《じゆういしけんきんせいど》」にまで移行することであります。世界にはちょうど太陽や遊星《ゆうせい》などの間に平衡《へいこう》の法則《ほうそく》があるように、「与えること」と「受けること」との間には平衡《へいこう》の法則《ほうそく》が働いているのであります。法則は

愛と義とにその基礎を置いている。それ故《ゆえ》法則《ほうそく》はあらゆる事件を公平に調和した姿で調整するのであります。それ故吾々《ゆえわれわれ》が法則のままに従う時、法則は吾々《われわれ》の心と身体《しんたい》との両方面に調和をもたらし、繁栄《はんえい》と、幸福と、健康とをあらわすのであります。「愛」と「正義」とは強力無比《むひ》な力であって、あらゆるものはこの愛と正義によって動かされるのです。たとい数人であっても、正しく考え、正しく愛ふかく行動するならば、その考えを人類の潜在意識《せんざいいしき》の中に滲《し》み込ませ、それを普《あま》ねくすべての人々の心に印象《いんしょう》づけることが出来るのであります。この運動は既に始まっているのです。そしてそれは急速に前進しつつあるのです。されば全《すべ》ての人々は、自《みずか》ら自我《じが》をなくしようと決意し、かくすることによって自由にこの運動の推進力《すいしんりょく》とならなければならないのであります。

人類の潜在意識はあらゆる人々の想念《そうねん》の流れと主要なる信念《しんねん》とによって造られるのであります。しかし数名の人々はこれらの想念の流れの上にいて、それから独立して思《し》考《こう》することが出来るのです。今や「成功とは金を獲得《かくとく》することとなり」という人類の潜在意識は「成功とは善《よ》き有用《ゆうよう》なる仕事をする事なり」との想念におきかえられつつあるのです。この考えは、イエス・キリストのなし給《たま》うた如《ごと》く考え且《か》つ行動しようと決意した人々によって推《お》しすすめられるのです。あなたがたがかくの如《ごと》き人々の一員となり人類の潜在意識《せんざいいしき》の変更《へんこう》に貢献《こうけん》するためには、先ず第一にあなた自身を「霊《れい》」に於《お》いて神の伝道者《でんどうしゃ》としてささげ切り、神があなたになすべく使命づけたところの偉大なる仕事を遂行《すいこう》しようと決意しなければならないのです。それはかならずしもあなたがパウロのように伝道に従事《じゅうじ》しなければならぬというのではないのであって、又何らかの外面的な宣伝をしなければならぬという事でもないのです。あなたの「秘《ひそ》かなる部屋《へや》」に於《お》いて瞑想《めいそう》して、あなたが日々《ひび》貪欲《どんよく》の心を否定《ひてい》し、神の愛と義とを宇宙一杯におしひろげることを宣言《せんげん》することによって、あなたはこの強力なる仕事をなしとげることが出来るのです。あなたは人と人との間に正義と公平との観念《かんねん》をもたらし、それをあなたの言動《げんどう》の中心テーマとすることが出来るのであります。

いかなる商売に於《お》いても、自分の仲間のみの利益になるような計画を一瞬《いっしゅん》たりとも実行してはならないのです。確乎《かっこ》たる正義と公平との立場に立って行動し、今必要なるものはすべて供給《きょうきゅう》されるのであるという信念《しんねん》を堅持《けんじ》することです。あなたの手に入るすべてのものを完全に生かし切ることです。あなたの与えるものはすべて完全なる価値あるものであるようにしなさい。しかしことさらに人工を加えて価値あるように見せかけることはよくないのです。更《さら》に一層すぐれた方法は、あなた自身を、強力なる霊力《れいりょく》をもって働く「聖霊《せいれい》」であると考え、この「聖霊」の要求はかならずかなえられるのであると信じて行動することであります。

未来の用心のために貯《たくわ》えるなどという事をしてはならないのです。未来は未来自身をして心配させなさい。何ものかを恐れ疑うことは、それだけあなたの力を弱小《じゃくしょう》ならしめ、あなたの霊的力《れいてきちから》を減少せしめることになるのです。宇宙には無限の供給《きょうきゅう》の源泉《げんせん》があって、「平衡《へいこう》の法則《ほうそく》」はあらゆる欠乏《けつぼう》の箇所《かしょ》を充足《じゅうそく》するのであるという信念《しんねん》をもちなさい。もしあなたが蓄積《ちくせき》の経済《けいざい》と逼迫《ひっぱく》の経済とを信じているならば、あなたの想念《そうねん》を無限供給《むげんきょうきゅう》の経済にまで切り変えなさい。そうしてそれがどんなに些細《ささい》なものでもよいから、「与えること」を実行しなさい。愛の精神を以《も》って与え、何らお返しの来る可能性のない人に与えなさい。物を与えるだけでなく、その物なり金なりと共に愛の心の霊的実体《れいてきじったい》を与えることが大切です。あなたの言葉の力により、あなたの与える全《すべ》てのものを祝福《しゅくふく》し、霊的《れいてき》に増殖《ぞうしょく》することが出来るのです。あなたを神の執事《しつじ》であると思い、神の無限供給《むげんきょうきゅう》を取扱《とりあつか》う者であると信じなさい。かくの如《ごと》く信じてはじめて、あなたは心的《しんてき》及び霊的力《れいてきちから》を働かせることによって遂《つい》に大《おお》いなる富《とみ》を具象化《ぐしょうか》することが出来るのです。与えることに幸福を見出しなさい。神は喜んで与える者を愛し給《たま》うのです。何故《なぜ》なら彼の心は神の霊波《れいは》の流入《りゅうにゅう》に対して開口《かいこう》しているからであります。

しかしあなたは憐愍《れんみん》を与えているのだという気持で与えてはならないのです。憐愍《れんみん》の気持は数千年の間人類の潜在意識《せんざいいしき》を毒《どく》し来《きた》った観念《かんねん》であって、これによって人間は独立心を喪失《そうしつ》しつつあったのです。今や全《すべ》ての人々はこの誤《あやま》りを訂正《ていせい》しなければならない時に来ています。すべてのものは「神の子」であって、あらゆる「神の子」達は平等に神のもちたまうものを既に与えられているのであります。しかるに或《あ》る人が余分《よぶん》のものをもっていて、その幾分《いくぶん》かを不足している人に分《わ》ち与えるという考えは、或《あ》る者を恩人とし、他《た》の者をその依存者《いぞんしゃ》たらしめることであります。しかし全《すべ》てのものはみな富者《ふうじゃ》であり、神から無限の供給《きょうきゅう》を与えられているものばかりであって、他《た》を見下《みおろ》して「貧しき者」と思いあやまる事は彼の神性《しんせい》を冒瀆《ぼうとく》することであります。すべての人は神の執事《しつじ》であって、「自分のもの」とては何一つもないのです。すべての人は神の智慧《ちえ》を求め与える方法を求めるのであって、神の御心《みこころ》をそこに実現するのであります。わしが誰々に恩をほどこすのでもなく、与えるのでもないのです。神のものが神の子に神より分《わか》ち与えられるのであるという事になった時、与える者も受ける者も共に真理に生かされてよろこび合うことが出来るのであって、そこにはもはや憐愍《れんみん》なぞはあり得ないのであります。そこにはただ神の子同志の愛と尊敬と拝《おが》み合《あ》いとがあるのみであります。

又貪欲《どんよく》な心は肉体に強烈な力を及ぼし、人間を病気にしてしまうものです。この内心《ないしん》の原因を除《のぞ》かなければ、外面のあらわれを根本的に癒《いや》すことは出来ないのであります。かかる人は寛大《かんだい》に、自由に、他《た》から強制《きょうせい》されてでなしに、又報《むく》いを求めようとしてでなく、ただ「与える」という愛念《あいねん》から与えることを実行すれば救われるのであります。

或《あ》る精神治療家《せいしんちりょうか》は、貪欲《どんよく》にとらわれている患者《かんじゃ》を癒《いや》すために、治療費《ちりょうひ》として莫大《ばくだい》な金額を支払わせることがあります。それと同じ理窟《りくつ》から、医者が患者から金をとるならばたしかに或《あ》る程度それだけで患者を癒すことが出来るのであります。従って莫大《ばくだい》な費用のかかる手術や処方《しょほう》をすればする程よい結果が得られるのは事実であります。しかしこのようなことは何といっても馬鹿化《ばかげ》たことで、このような迂遠《うえん》な処置《しょち》をする必要はなく、もっと端的《たんてき》に心を癒しさえすればあらゆる病《やまい》は癒《い》やされるのであります。

たしかにこの「心」を癒《いや》す方法は神の法則《ほうそく》により一層合致した方法であり、貪欲《どんよく》を癒す場合には、頭と手と心とに於《お》いて「与えれば与えられる」という愛の法則を実行せしめさえすればよいのであります。こうして人々に「報《むく》いなく与える」ことを実行せしめるのであって、そのために、ユニティでは自由献金制度《じゆうけんきんせいど》を行っているのでありますが、これに対して色々非難《ひなん》する人もあるにはあります。例えばそれは憐愍《れんみん》と貧乏《びんぼう》とを奨励《しょうれい》することになるであろうとか、「取《と》り得《どく》」の精神をのさばらせるとかというのであります。けれども彼らはただいかにして効果的に人々の心から間違《まちが》った貪《むさぼ》りの心をのぞき

「愛をもって与える」ことにより繁栄《はんえい》の法則を実証《じっしょう》してもらうかということのみを念願《ねんがん》としているのです。

全《すべ》ての人は何かを受けた以上、かならず何かを与えるべきであります。彼が受けることが出来るのは、ただ与えることによってのみであります。この真理に目醒《めざ》めなければ真の癒《いや》しも繁栄《はんえい》もあり得ないのです。誰《たれ》でも与えられたならば、それに対して正しい返《へん》礼《れい》をすることが出来るはずであります。無一文《むいちもん》の乞食《こじき》ですら、与えられた善《よ》きものに対して適当な返礼をすることが出来るのです。それはその人に真理の言葉を伝えることであってもよろしいし、単に感謝《かんしゃ》と称讃《しょうさん》の言葉を発することであってもよいのです。

吾々《われわれ》は人々を貧富《ひんぷ》を超えた真の永遠の世界に導くために活動しているのであります。そのために、吾々《われわれ》は彼らに人間は霊的実在《れいてきじつざい》であり、今、此処《ここ》に於《お》いて霊的世界《れいてきせかい》に住んでいるのであって、この実相《じっそう》を知り神と人との真の関係を悟った時、このような超越的《ちょうえつてき》な実相界《じっそうかい》が現実にあらわれて来るのであると説《と》いているのであります。

人間が覚《さと》るべき最も大切な問題は、人間は想念《そうねん》を造構《ぞうこう》する力をもち、その想念は次に外界の環境《かんきょう》や事件を物質化《ぶっしつか》して各々《おのおの》の体験世界を造形《ぞうけい》するという事実であります。そうしてすべての人々は自分自身の問題を支配するところの王であって、これらの問題はすべて自分の心の中にある観念《かんねん》であり、自分の想念《そうねん》の具象化《ぐしょうか》した「問題」であるということです。各人のもつ諸観念《しょかんねん》は多種多様であることは、あたかも一国の住民の性格が多種多様であるようなものであります。しかしそれは全《すべ》て王様に服従《ふくじゅう》しているのであって、心の王国の支配者であるところの真我《アイ・アム》の力にはすべての現象《げんしょう》は服従するのであります。それ故《ゆえ》主権者であるあなたが命じた事は何事でも成就《じょうじゅ》するのであります。美しきもの、豊かなるものが神の御心《みこころ》であるが故《ゆえ》に、此世《このよ》に豊かなる富《とみ》を命じさえすれば富は出て来るのであります。神の国には全《すべ》てがそなわっているのでありますから、あなたの好むままに富をあらわし出すことが出来るのであります。

あなたは収入が少《すく》ないから、或《あるい》は受くべき供給《きょうきゅう》が限られているから他人《ひと》に与えることが出来ないと考えておられるかもしれません。あなたはそんなケチな考えをすてて「既に豊かなのである」という無限供給《むげんきょうきゅう》の観念に切りかえなければ永遠に救われないのです。神に要求しなさい。神はあなたの無限の貯蔵庫《ちょぞうこ》であり、その中のすべてのものはあなたのものであります。しかしあなたの想念《そうねん》の蓄積《ちくせき》されたるエネルギーを発動《はつどう》せしめるためには、あなたが先ず与えはじめなければならないのです。最初は一銭《いっせん》でもよいから与えるのです。しかしそれを与えるには「神の名に於《お》いて」与えなければなりません。それらをあなたの心からなる愛をこめて与えるのです。そして与える時に次の如《ごと》く断言《だんげん》するのであります。

「神の愛が私を通してあなたを祝福《しゅくふく》しあなたの富《とみ》を無限に増殖《ぞうしょく》し給《たま》うのである。」

あなたの意識《こころ》は水の流れのようなものであります。もしその流れが何らかの方法で堰《せ》き止められれば、その低部《ていぶ》に水がたまって淀《よどみ》が出来るわけであります。この淀《よどみ》の部分をきれいにするためには、上から新しい水を流し込むばかりでなく、下の堰《せき》をとりのけてしまわなければなりません。この堰《せき》をとりのけることが古き欠乏《けつぼう》の観念《かんねん》をとりのけることであり、上から新しい水を流すことが「無限供給《むげんきょうきゅう》」の観念を肯定《こうてい》しつづけることであります。そうして出来るかぎり愛ふかく与えはじめることであります。与えることによって古き観念《かんねん》がとりのけられて行くのであります。与えるというのは何も物をあたえるというように限定する必要はないのであって、要するに善意を与えるのであります。それは物的標準《ぶってきひょうじゅん》ではかられるべきものでなく霊的標準《れいてきひょうじゅん》によってのみ量《はか》られるのであります。

「神は喜びて与うる者を愛し給《たま》う。」

ここに「喜びて」と訳した言葉はギリシャ語の hilarion であり、その意味はまさしく「よろこびて」であります。贈物《おくりもの》は金銭《きんせん》で量《はか》られるかもしれないが、神は金銭の多寡《たか》ではかり給《たま》うのでなく、与える者が心から悦んで、愛を以って与えるかどうかをはかり給《たま》うのであります。申命記《しんめいき》二八ノ四七にある、

『なんじ万《よろず》の物の豊饒《ゆたか》なる中にて、心に歓《よろこ》び楽《たのし》みて汝《なんじ》の神エホバに事《つか》えざるに因《よ》り、飢《う》え渇《かわ》きかつ裸《はだか》になり万《よろず》の物に乏《とぼ》しくして……』

という言葉は、吾々《われわれ》が喜び楽しんで与える時、はじめて繁栄《はんえい》するのであるという事を示しているのであります。即ち大《だい》なる贈物《おくりもの》でも小なる贈物《おくりもの》でも、喜びと楽しみとをも

ってそれを愛ふかき気持で捧《ささ》げることによって、神の無限の繁栄《はんえい》をそこにあらわすことが出来るのであります。

十一、財宝《ざいほう》を貯《たくわ》える事

イエス・キリストは大衆《たいしゅう》にパンと魚とを増殖《ぞうしょく》して与えてから後《のち》、人々に「一つも失われぬように残りをあつめよ」と言われたのであります。そうすると、『凡《すべ》ての人、食《くら》いて飽《あ》く、裂《さ》きたる余《あまり》を集めしに十二の筐《かご》に満ちたり。』と書かれているのであって、いかなる種類の浪費《ろうひ》でも、浪費は保存という神の法則《ほうそく》を犯《おか》すものでありますから神の御意《みこころ》にかなわぬことであります。自然界にはいたる処《ところ》に、必要の時に利用出来るようにエネルギーの実質《じっしつ》が貯《たくわ》えられているのであります。

この貯えられた力は物質的《ぶっしつてき》な力ではなく霊的《れいてき》な力であります。それは必要に応じて表現する用意をしているのであるが、呼び出されなければあらわれず、従って人間の肉体にも環境《かんきょう》にも不調和《ふちょうわ》の如《ご》き姿があらわれるのです。そこでもし人間が「貯《たくわ》え」という概念《がいねん》をあやまって、「退蔵《たいぞう》する」という意味にとればこの法則を誤《あやま》って解《かい》したのであるから繁栄《はんえい》はあらわれないのであります。「退蔵する」のは、その人が未来の困難《こんなん》を予想して外物《がいぶつ》をかきあつめて無駄《むだ》に貯えて置くことであり、その物的貯蔵量《ぶってきちょぞうりょう》で自分の富《とみ》を計るという錯誤《さくご》を犯《おか》すのであります。

霊的《れいてき》に目醒《めざ》めた人々は、すべての富《とみ》は霊的なもので、神を知ることの出来る如《ごと》くあらゆる人々の実現することの出来る境地《きょうち》であると考え始めているのであります。彼らは「保存する」というのは物をためヽ込ヽんヽでヽ置ヽくという意味ではなく、生命、力をたくわえることであるという事を知っているのです。人々は肉の欲求を充《みた》すために無駄《むだ》なエネルギーを四散《しさん》せしめて、しかもどうして繁栄《はんえい》しないのであろうかと苦慮《くりょ》するのであります。しかしこのような想念《そうねん》の力の無駄使《むだづか》いをやめて、その力を保存して建設的な方面につかうならば、彼らは必ず富むのであります。観念《かんねん》は造構力《ぞうこうりょく》をもつが、その観念が動揺《どうよう》し分散《ぶんさん》していたのでは何らよきものは造り得ないのです。

キリスト教の基本原理《きほんげんり》は、創世記《そうせいき》第一章にある如《ごと》く神は人間を完全に創造《つく》り給《たま》うたという点にあります。即ち人間は創造《そうぞう》されたものの中の最高存在《さいこうそんざい》であり、神の像《かたち》に神に似せて創《つく》られて、彼には想念を支配するあらゆる権能《けんのう》が賦与《ふよ》されているのであります。吾々《われわれ》は時々或《あ》る仕事に於《お》いて成功すれば豊かになり有名になれると考えているのですが、この考えは間違《まちがい》であります。人生の真の目的は金をつくることでもなく、有名になることでもないのです。それは高き人格を完成し、あらゆる人々の中《うち》に内在《ないざい》する無限の可能性をあらわすことであります。神は全《すべ》ての被造物《ひぞうぶつ》に必要なるものを既に霊の世界に於《お》いて準備されているのです。吾々《われわれ》は金持《かねもち》になるために繁栄《はんえい》の法則を研究しているのではなく、繁栄の基礎であるところのこれらの神から賦与《ふよ》された個性を開発するために研究しているのであります。吾々《われわれ》は繁栄をもたらす能力を発展させることを学ぶのであり、繁栄によっても汚《けが》されることのない人格を発展させることを学ばなければならないのです。

神に於《お》いては全《すべ》ては完全であります。しかも神の世界に於《お》いては何ら物的《ぶってき》な形はないのであるがあらゆる可能性としてそこにすべてがあるのであります。この神が吾々《われわれ》の心の中にも肉体の中にも普遍《ふへん》してい給《たま》うのであります。そうして吾々《われわれ》は吾々《われわれ》の肉体に於《お》いて神を見える姿にあらわすのであって、信仰《しんこう》がこれをなしとげるのです。信仰が神の理《り》念《ねん》を見える姿に表現するのであります。

或《あ》る種の人々は、富《とみ》をかき集めることが唯一《ゆいいつ》の生存理由《せいぞんりゆう》であると思っているのであります。そこでバイブルの作者の時代には絶《た》えず金の悪を攻撃する説教《せっきょう》が行われたのです。しかもエホバは神の要求をまもるすべての人々に対しては常に富《とみ》と栄誉《えいよ》とを約束しておられるのであります。これは一見《いっけん》非常に矛盾《むじゅん》している如《ごと》くでありますが、神の約束し給《たま》う金銀は単に物質的《ぶっしつてき》の金銀というよりもむしろ霊的《れいてき》な金銀であります。神は「心」であり「心」は観念《かんねん》のみを与えるのです。そして与えられた諸観念《しょかんねん》が吾々《われわれ》の想念《そうねん》に従って金《きん》とかその他の宝に翻訳されるのであります。貯《たくわ》える価値ある唯一《ゆいいつ》の宝は、心の天国に貯える「よき考え」であり「よき念《こころ》」であります。

パウロは「金《かね》を愛するは凡《あら》ゆる種類の悪の根源なり」と言っていますが、この意味は人間が金に愛着《あいじゃく》することによって束縛《そくばく》されるからであります。彼は金の出て来る真の根源《こんげん》を愛さないで、「霊《れい》」ならざる「物《もの》」を愛するからであります。物に執着《しゅうじゃく》した時人間は躓《つまず》くのであります。吾々《われわれ》は物の背後にある理念《りねん》を愛しなければならないのです。吾々《われわれ》はこの間《かん》の真理に通暁《つうぎょう》して愛をして無限供給《むげんきょうきゅう》のマグネットたらしめるように心掛《こころが》け、断じて自我的《じがてき》な貪欲《どんよく》の渦《うずまき》にまき込まれてはならないのであります。

真の富者《ふうじゃ》は全《すべ》てのものは彼のものであり、利用し享受《きょうじゅ》しうるものであると考えているのです。しかも自分が何物をも所有《しょゆう》しようとは苦慮《くりょ》しないのであります。物の名義《めいぎ》が誰《たれ》の所有物《しょゆうぶつ》となっていようと、そんなことは問題ではないのであります。ディオゲネス（註・紀元前四世紀頃の古代ギリシアの哲学者）は桶《おけ》の中に住んでいたけれども最も幸福な男であったのです。彼はいかなる富者《ふうじゃ》も権力者をも超脱《ちょうだつ》していたのです。彼は真昼間《まっぴるま》提灯《ちょうちん》をとぼして正直者《しょうじきもの》を探《さが》して歩いたという事であります。

しかし物を所有《しょゆう》したいという欲求《よっきゅう》がかくも一般的であるからには、そこには何らかの美点があるにちがいないのです。たしかに物があるからわるいという事はないのであって、ただ「天的《てんてき》なるもの」を見失いさえしなければよいのであります。物《もの》を霊《れい》の上位《じょうい》に置いてはならないので、先ず「神」を求めることであります。そうすると豊かなる富《とみ》も健康も自然にととのって来るのです。それ故《ゆえ》イエス・キリストは、

『是《これ》みな異邦人《いほうじん》の切《せつ》に求むる所なり。汝《なんじ》らの天の父は此等《これら》の物のなんじらに必要なるを知り給《たま》うなり。まず神の国と神の義とを求めよ。然《さ》らば凡《すべ》て此等《これら》の物は汝《なんじ》らに加えらる

べし。』

と言っておられるのであります。神の法則《ほうそく》は全《すべ》てのものは神のものであり、完全で無限であるという事であります。此《こ》の真理が完全に理解されたならば、人々はただちにすべてに於《お》いて繁栄《はんえい》し、あらゆる人々が不足することなく喜びに満たされるのでありますます。イエスの初期の弟子達《でしたち》にはこのことがよく理解されていたと見えて、あらゆる私《し》有物《ゆうぶつ》を彼らの指導者の足下《あしもと》に投げ出して、全体の必要のために分配し合ったのであります。

霊的実体《れいてきじったい》は金《かね》の形で吾々《われわれ》に与えられて創造的に利用されることを望むのですが、それは直接の必要に応じて利用されるためであって、退蔵《たいぞう》して置くためや無駄《むだ》に浪費《ろうひ》するためではないのです。退蔵《たいぞう》の心を捨てよという事は、浪費せよという事ではないのであります。金は利用されるためにあるので無駄使《むだづか》いするためにあるのではないのです。いかなることをするにしても常にその行動の背後に建設的な動機をもっていなければならないのです。一定の建設的目的のために集められた金は、「不景気」をおそれて死蔵《しぞう》されれた金や、欠乏《けつぼう》や困難《こんなん》を恐れて集められた金とは全《まった》く異《ちが》った性質のものであります。「不景気」のために貯《たくわ》えてある金は常に不景気のために消費されるようになるのです。何故《なぜ》ならひどく恐怖《きょうふ》していることは、恐怖によって引きつけられて出現するからであります。恐るるものはみな来るのであります。善《よ》きことをなすために基金《ききん》として貯《たくわ》えられた金はますます善きことを増加しますが、そのような善き動機がなく、恐怖《きょうふ》や不安によって貯えられた金は何らよきものを生み出さないのです。恐れたり心配していたことは、遅かれ早かれ実現するのであります。

更《さら》に以上のような点を充分理解している人でも無限供給《むげんきょうきゅう》について誤解《ごかい》している人があります。富《とみ》の源泉《げんせん》は霊的《れいてき》なものであると考えている人でも、霊的実体《れいてきじったい》は遍在《へんざい》し、つねに在《あ》るのであって、自由無礙《じゆうむげ》なるものであり、供給も常に与えられているとは考えていない人があります。しかし神は百合《ゆり》の花を一時にかくの如《ごと》く美しく装《よそお》わせ給《たま》うて、あとは欠乏《けつぼう》のままで放《ほう》って置くということはないのであって、神は百合にはその生長《せいちょう》に必要な養分をつねに供給し給うのであります。吾々《われわれ》は神が吾々《われわれ》の必要に従って日々《ひび》さらに多くのものを装わせ給《たま》い養い給《たま》うという事を信ずることが出来るのです。この事実を信じないで、その代りに金《かね》を貯《た》めてその金にたよるというようなことをすれば、吾々《われわれ》は自分で神の供給《きょうきゅう》の流れをせき止めることになります。そうすると吾々《われわれ》の些《さ》細《さい》な蓄積《ちくせき》が消費《しょうひ》されてしまった暁《あかつき》には、吾々《われわれ》は「放蕩息子《ほうとうむすこ》」のように欠乏《けつぼう》に悩み始めるのであります。

イエスは一尺《いっしゃく》の土地をもってはおられなかったが、何ら必要なものに困ることはなかったのです。彼は地に宝を積まなかったけれども、彼の内心《ないしん》の天の庫《くら》に宝を積んでいたので、何時《いつ》でも必要に応じて外界へその富《とみ》をあらわすことが出来たのです。吾々《われわれ》はいくら地の富をにぎっていても、遅かれ早かれ、それをすてて行かなければならないのです。いくら地に宝をつんでも、天の庫《くら》に宝をつむ(神の御意《みこころ》を行《ぎょう》ずる)ことをしない者は、真の富者《ふうじゃ》になることは出来ないのです。

神のつくり給《たま》うた世界にはすべてのものが備わって、完全に豊かであるのであります。しかるに吾々《われわれ》は、自分の心でそれを限定して、無限をあらわさず有限《ゆうげん》をあらわしているのです。有限だと考えるからケチケチとため込んで置こうとしたり、なるべく節約して少ししか使わないようにしようとしたりするのです。このようなことはすこぶる危険であります。何故《なぜ》ならやがて吾々《われわれ》の心の中で考えた通りに金が欠乏《けつぼう》して来るからであります。そうして吾々《われわれ》はどうして窮乏《きゅうぼう》したのであろう、多分政府のやり方がわるいからであろうと考えたり、戦争が責任であると考えたり、工業生産《こうぎょうせいさん》の責任に帰《き》したり、或《あるい》は甚《はなは》だしいのは神の責任に帰したりするのでありますが、なかなかその原因が「自分自身」にあるという真実をみとめようとはしないのです。

吾々《われわれ》の大多数のものは、節約は美徳《びとく》であると考えています。貯金をしなければならないと考えています。これは悪い考えではありません。銀行には事業を行うための金が預《よ》金《きん》されなければならないからであります。しかし真の意味での「銀行」は「神」だという事を知らなければならないのです。新聞の報《ほう》ずるところによると、ニューヨークの或《あ》る守銭奴《しゅせんど》は一千百万ドルの金をためたという事ですが、彼は事務所を一軒《いっけん》一軒まわって屑紙《くずがみ》をひろいあつめて数セントで売っていたのです。一千万ドルあってもそうやっていたし、他の守銭奴《しゅせんど》は同じように富《と》んでいても、オーバーすら買わずにすませて、部屋着《へやぎ》の下に新聞紙を貼《は》りつけて寒さをしのいでいたというのであります。彼らはいかにも自分自身は悲惨《ひさん》ではなかったでしょう。しかし彼らは周囲のすべての人々を悲惨にしていたのであります。

あなたは心の中で、すべてのところに豊かさがみちみちていると観《かん》じなさい。今現に充分のものがないときに、不足の想念《そうねん》を克服《こくふく》することはすこぶる困難《こんなん》な仕事であるかもわかりません。しかしそれはあなたに出来ることです。それはなされたし、なされつつあるのです。繁栄《はんえい》の法則《ほうそく》は単なる空理空論《くうりくうろん》ではなく、実証《じっしょう》されたところの事実であります。今こそあなたの心の窓を開いて、豊富を観《み》る時です。かく観《かん》ずればあなたは無限の豊かなる供給《きょうきゅう》を受けるのです。心中《しんちゅう》より、あらゆる欠乏《けつぼう》の観念《かんねん》を拭《ぬぐ》い去って、あらゆるよきものがみちみちていると断定《だんてい》するのです。無限なる「神の心」が与え給《たま》うところの無限の霊的実体《れいてきじったい》は、今やあなたの周囲にみちみちているのです。いかにもみちみちてはいるが、あなたがそれを利用しなければ何にもならないのです。ちょうど空気のようなもので、あなたが呼吸する時はじめて、空気はあなたの中に流れ込むのであります。あらゆる否定的《ひていてき》な想念《そうねん》をぬぐい去り、自分は自由だ、完全だ、繁栄《はんえい》だと断定するのです。あなたは「神の子だ」という信仰《しんこう》をもたねばなりません。しかし愚《おろ》かな浪費《ろうひ》をしたり、愚かな節約をしてはならないのです。農夫《のうふ》は畑に種《たね》を播《ま》くが、小麦の穂《ほ》をそのままなげつけるようなことはしないし、ケチケチと薄く播くという事もしないのです。彼は充分種を播くが、無闇《むやみ》に散《ま》きちらすこともなく、しかも播《ま》いただけのものを豊かに収穫《しゅうかく》するのであります。「人は播《ま》きしものを何物にても刈《か》り穫《と》るなり。」「乏《とぼ》しく播《ま》く者は乏しく刈《か》り穫《と》るなり、豊かに播く者は亦《また》豊かに刈り穫るなり。」

「今」を完全に生きて、豊かに安心して神の御意《みこころ》のままを生きぬくことです。そうして未来の困難《こんなん》を予想して無駄《むだ》な取越苦労《とりこしくろう》や貯蔵《ちょぞう》などをしないならば、すべての人々は充分楽しく豊かなる生活を送ることが出来るのであります。吾々《われわれ》はいくら将来の困難のために充分貯《たくわ》えていたつもりでも、もしその困難が起ったとすれば、決して充分な貯えなど出来てはいなかった事を知るのであって、しかもその貯蔵のためにどれだけ「今《いま》」を不幸にしているかわからないのであります。「今」を生かすことです。いたずらに困難の来るのを予想して、自《みずか》ら心の影としてその困難を招《よ》び迎えることがあってはならないのであります。

十二、欠乏《けつぼう》の想《おも》いを克服《こくふく》せよ

『天国は海におろして、各種《さまざま》のものを集むる網《あみ》のごとし。充《み》つれば岸にひきあげ、生《いか》して良《よ》きものを器《うつわ》に入《い》れ、悪《あ》しきものを棄《す》つるなり。』

人間の心は網のように様々の良き想念《そうねん》や悪《あ》しき想念を感受《かんじゅ》しますが、その中から悪しき想念をすてさり、良き想念のみを選びとらなければならないのです。こうしてその人の心の中には天国がうちたてられるのです。同じような比喩《ひゆ》に於《お》いてイエスは羊を山羊《やぎ》の群《むれ》から選《え》り分けよと教えておられるのです。吾々《われわれ》は羊《ひつじ》(善念《ぜんねん》)と山羊《やぎ》(悪念《あくねん》)とをはっきり判別《はんべつ》する力を与えられているのです。それは神の叡智《えいち》であって、吾々《われわれ》がこの叡智にのみ頼る心になるならば、その叡智は吾々《われわれ》の中に超越心《ちょうえつしん》として宿り給《たま》うている事を知るのであります。

あなたの超越心《スーパー・コンシャス・マインド》はあなたが取り入れる物を判別し、あなたの消化作用《しょうかさよう》を指導し、呼吸《こきゅう》作用や循環《じゅんかん》作用を支配しているのです。そうしてこの超越心《ちょうえつしん》はあらゆる物をよきようにし、あなたが抱《いだ》いている想念《そうねん》にあなたを導いてくれるのです。この超越心《ちょうえつしん》とあなたの現在意識《げんざいいしき》との間の連関《れんかん》は瞑想《めいそう》や黙想《もくそう》や祈りによってうちたてることが出来るのです。そうしてあなたがこの超越心《ちょうえつしん》をあなたの中に発達せしめるならば、次第にあなたの日常の事件を完全なる叡智《えいち》の判別《はんべつ》にまかせることが出来るようになるのです。この聖霊《せいれい》の心はあらゆる些細《ささい》なことにわたるまであなたを完全に指導してくれるのでありますます。しかしそのためには、あなたはこの神の意志のままに為《な》そうと決意しそれに信頼しなければならないのです。そうすればこの心はあなたを導いて完全なる健康と幸福と繁栄《はんえい》とを完成せしめるのであります。イエスが「天国」と言ったのは別に天高くあるところの一定の地域ではないのであって、心の中にある心の状態であるとフィルモアは云《い》っております。イエスが、

『凡《およ》そ汝《なんじ》が地にて縛《つな》ぐ所は、天にても縛《つな》ぎ、地にて解《と》く所は天にても解《と》くなり。』

と言っておられるのは、現在意識《げんざいいしき》が超越心《ちょうえつしん》と一体《いったい》になって連結《れんけつ》されている時には、現在意識で考える事がそのまま超越心《ちょうえつしん》となる、即ち、あなたの心には全《すべ》ての力が与えられているのであって、天をも地をも支配することが出来るという事を示しておられるのであります。（フィルモアの言う超越心《ちょうえつしん》とは潜在意識《せんざいいしき》と超越意識《ちょうえついしき》とを一まとめにした

ようなものである。）

或《あ》る人は海にいる魚《うお》のようなもので、「どこに水なぞあるであろうか？」と問うのであるが、水は海に一杯にみちみちているのです。しかしその中の魚《うお》はその中にいて水の存在《そんざい》に気がつかないのです。人々は「どこに私に金があるか」と問うたり、どうしたら衣食住《いしょくじゅう》をみたすことが出来るかと問うのですが、それは此処《ここ》に、あらゆるところにみちみちているのであります。そしてあなたが自分の中《うち》にある霊《れい》の眼《まなこ》を開いてみたとき、それをはじめて見ることが出来るのであります。

吾々《われわれ》は魂を生長《せいちょう》せしめるのであります。生長は古きものを否定《ひてい》し新しきものをとり入れることがなければ出来ないのです。先ずきたない水の入っている時にはその水をすてさってから清水《しみず》をそそぐならば、その器《うつわ》の中はきれいになる、そういうように吾々《われわれ》は先ず第一に古き唯物観《ゆいぶつかん》をすてさることが必要です。これを否定というのであります。そうすると新しきよき想念《そうねん》の入る余地《よち》が出来るのです。そこで神の心を積極的《せっきょくてき》に肯定して、心によき想念を充満せしめるのであります。

現代の人の多くは金の力によって畏怖《いふ》せしめられているのです。この金という巨人は聖書《せいしょ》の中でゴリアテという巨人《きょじん》で象徴《しょうちょう》されています。あなたの心をこの巨人の力から自由に解放する第一段階は、あなたが「神の子」であるという正しき明確《めいかく》なる認識《にんしき》をもつことです。あなたは何者によっても縛《しば》られてはいないのです。あなた自身があらゆるものの支配者であります。

サムエル前書《ぜんしょ》（註・旧約聖書の一篇）の十七章にはダビデがこのゴリアテという巨人《きょじん》を倒す話が記《しる》されているのですが、ダビデという言葉は「神の愛する者」という意味であり、ダビデは従って「神の子」としての正しき認識《にんしき》と権利とを代表しているのです。何回も言うようであるが、あなたは宇宙の誰《たれ》の奴隷《どれい》でもなく何物の従属物《じゅうぞくぶつ》でもないのであります。それ故《ゆえ》ゴリアテ（金権《きんけん》）をおそるる必要はどこにもないのであって、ゴリアテの額《ひたい》（肉的《にくてき》な考えの中心）に石（真理の認識）を投げつけることによって、ダビデはゴリアテを倒すことが出来るのです。

金の奴隷となった者はすべて遂《つい》には金によっておしつぶされてしまうのです。しかるに真に「神の子、人間」を悟った者は何ものによっても倒されることがないのです。ただそれさえしっかりと信じておればそれで全《すべ》てが最もすばらしく豊かに整ってくるのです。あなたはそのようなことで人生の重大問題が解決出来るはずはないと考えるかもしれません。「人間神の子」の真理をして傍《かたわら》になげすててかえりみないかもしれないのですが、これはダビデ少年をいつまでも山で羊《ひつじ》を飼《か》わせて放《ほう》って置くのと同じであります。今こそあなたはダビデ(神の子)を登場させなければならない時が来ているのです。

ダビデの武器は石投器《いしなげき》と丸い五つの小石であるというのですが、これは「真理の言葉」の象徴《しょうちょう》であります。「真理の言葉」は突進して行くためにあるのであって、それが真理の言葉の本性《ほんせい》であります。しかしフェリシテ人《びと》たちは「環境《かんきょう》を克服《こくふく》するのは言葉の力である」ということ、即ち小石と石投器《いしなげき》とをみて嘲笑《ちょうしょう》して、「そんなものでどうしてゴリアテを倒すことが出来るか、逆にゴリアテに押しつぶされてしまうであろう」と思うのです。しかし、石投器《いしなげき》をつかったダビデは、ゴリアテを見事《みごと》に倒したのであります。ダビデによって小川から選び取られた五つの小石とは次の五つの宣言《せんげん》であります。

○吾《われ》は神の愛《いと》し子《ご》である。神は吾《わ》が正しき言葉として吾《われ》と共に在《いま》し給《たま》う。真理の言葉を発すればすべてが成就《じょうじゅ》するのである。

○吾《わ》がなすは正義である。何となれば父なる神は神の子にあらゆる自由を与え給《たま》い、あらゆるものを供給《きょうきゅう》し給《たま》う神の権利を与え給《たま》うているからである。

○私自身の心の中にも又他のすべての人々の心の中にも、私のものが自分自身の力によって得《え》られたとの考えを描かない。吾《わ》がもちものは、神の法則《ほうそく》のままに来《きた》るのであり、私は真理を悟るが故《ゆえ》に来《きた》るものすべてを歓迎するのである。

○吾《われ》は貧乏《びんぼう》を恐れない。吾《われ》は何者にも負債《ふさい》を負わない。吾《わ》が富者《ふうじゃ》なる「父」は吾《われ》にあらゆる宝をそそぎ給《たま》い、吾《われ》は無限の供給《きょうきゅう》の強力なる通路である。

○吾《われ》は何ものをも利己的《りこてき》には所有《しょゆう》しない。しかもありとしあらゆるものは、私のもので私の利用すべきものであり、神の智慧《ちえ》をもって他人に賦与《ふよ》すべきものである。

かつての宗教家《しゅうきょうか》は貧乏《びんぼう》であることがキリスト教徒の義務であり、貧窮《ひんきゅう》は善徳《ぜんとく》であると説《と》いたのであります。しかしこれは決してイエス・キリスト自身の御教《みおし》えではなかったのです。キリストは「神は吾《わ》が無限供給《むげんきょうきゅう》の源泉《げんせん》であり給《たま》い、神の子達にあらゆるものを用意し給《たま》うている」という事を無条件でみとめておられるのであります。イエスは時には「人の子は枕《まくら》する所なし」と言われたけれども、それは物的《ぶってき》な貧乏《びんぼう》を強調《きょうちょう》されたのではなかったのです。実際にイエスにはナザレに生家《せいか》があって、パレスチナ中《じゅう》の貧乏人も富者《ふうじゃ》も喜んで彼を迎《むか》え入《い》れてくれたのです。イエスは教法師《ラビ》のような服装をしておられたが、その衣《ころも》は非常に立派で高価なものであって、ローマの兵士達はイエスの着ているその縫目《ぬいめ》のない衣《ころも》をほしがったのです。しかしそんなことは大《たい》して重大なことではないが、イエスはまず何よりも神の国にみちみちているところの無限の繁栄《はんえい》を観《かん》ぜられ、そこに於《お》いては必要なるものは真理を悟ることによって自然にあらわれて来るという事を信じておられたのであります。イエスは、あらゆる物の背後には神の理念《りねん》があり、それをしっかりと心中《しんちゅう》に描くことが第一であるという真理を発見されたのでありょす。それ故《ゆえ》、イエスはあらゆる人々に、必要なるものがあれば、キリストの名に於《お》いて、信じて求めよ、神はなくてならぬものを祈るに先き立ちて知り給《たま》い与え給《たま》うと教えておられるのです。吾々《われわれ》は多く求めることを躊躇《ちゅうちょ》してはならないのです。何となれば吾々《われわれ》は神の子であり、神にとって少し与えるよりは多く与える事の方《ほう》が一層容易《ようい》であるからであります。

光明思想社の本

古事記と日本国の世界的使命

甦る『生命の實相』神道篇

谷口雅春著

責任編集　財団法人生長の家社会事業団　谷口雅春著作編纂委員会

幻の名著復刊！　アメリカＧＨＱの検閲下にあって出版停止を余儀なくされ、今日まで封印されてきた黒布表紙版『生命の實相』第十六巻神道篇「日本国の世界的使命」第一章「古事記講義」が完全復活。

『古事記』が預言する〝日本国の世界的使命〟とは何か。著者の「唯神実相論」によって、その驚くべき全貌が解き明かされる。混迷を深め、漠然とした不安に怯える現代の日本人と日本社会に、自信と誇りを取り戻させる画期的著作。

定価1800円

光明思想社の本

人生の鍵シリーズ

人生調和の鍵

谷口雅春編著

責任編集　財団法人生長の家社会事業団　谷口雅春著作編纂委員会

あなたを幸福に導く〝黄金の鍵〟がここにある！　不況、就職難、病気、人間関係、家庭内不和など人生上の苦しみが消える！

実際に人生上の切実な問題を抱えた登場人物達が解決を求めてやってくる。そして、相談を終えて出てきた登場人物たちの顔は、すでに悩みを抱えた人間の顔ではなかった。晴れ晴れとして、新たな人生に船出する気力に充ち満ちた人たちであった！

解決できない人生上の問題はない！

本書がもっとも力説していることである。

定価1600円

人生《じんせい》の鍵《かぎ》シリーズ

無限《むげん》供給《きょうきゅう》の鍵《かぎ》

平成二十一年七月五日　初版発行

編著者　谷口雅春《たにぐちまさはる》

責任編集　財団法人 生長の家社会事業団
谷口雅春著作編纂委員会

発行者　白水春人

発行所　株式会社 光明思想社
〒一一〇-〇〇一六
東京都台東区台東一-九-四　松浦ビル5F
電話〇三-三八三二-四八〇〇
郵便振替〇〇一二〇-六-五〇三〇二八

装幀　松本 桂／山根 到（カバーイラスト）

本文組版　メディア・コパン

印刷製本　モリモト印刷株式会社

ISBN978-4-904414-03-3

総索引

＊頻度の多い項目は、その項目を定義、説明している箇所を主に抽出した。
＊関連する項目は→で参照を促した。
＊本書中にある「祈りの言葉」及び「聖書の言葉」は別項を立てて一括掲載した。

〔あ〕

愛　23,54,75,82,85,86,118
　―が法則を完成する　87
　―の牽引力　82
　―の心　12
　―の磁石　84
　―の精神　120
　―の法則　123　→法則
　―は―を呼ぶ　94
　完全なる愛　82
　高い―　86
　低い―　86
アイ・アム(真我)の力　125
悪　73
　―念　144
　―魔　65　→サタン
足　51
与えよ、さらば与えられん　1,2
(与えれば与えられる　123)
「あたえる」(与、報謝)
　―こと(の尊さ)　96,98,101,107,114,117,120
　―という愛行　95
　―という愛念　122
　―という行為　102
　―もの　122
　信じて―　98
　「報いなく―」こと　123
頭　51
アメリカの歴史　77
あらわれ(現象)　115　→現象
　―の原因　115
　外面の―　122
暗示　79
　―の像　79

〔い〕

イエス(・キリスト)　11,14,17,19,26,28,29,30,37,38,39,42,50,53,54,58,61,64,65,69,79,83,87,89,90,93,97,98,111,115,116,119,130,134,137,144,145,150
　→キリスト
　―(自身)の(御)教え　114,115,150
　―の教訓　50
　―の初期の弟子達　135
　―の御名(みな)　29
意志　62,88
　―の力　116
　心の―の働き　62　→心
イースト　38
五つのパンと二つの魚　37,38,83
　→パンと魚
祈り　36,69,75,144
　疑いの―　69
　肯定の―　69
　懇願の―　60
　請願の―　60
今　140
因果
　―応報　51
　―の法則　47　→法則
陰陽二極　23

〔う〕

有為転変の世界　15

受ける
　—こと　101,114,117
　—者　122
宇宙　74,109,110
　—の心　22　→心
　—の根柢　9,11
　—の実体　11
　—のすべてのもの　104
　—の大真理の具体的実行法　2
　—の無限心　80
　—の霊的実体　14　→霊的実体
　—を支配する神　46　→神
生み出す働き　54

〔え〕

エーテル　10,11,42
エデンの園　42
エネルギー　11
　—の実質　130
　思考—　12
　不可視なる—　10
　無限の—　10
エホバ　127,133
　万軍の—　101
エマーソン　89
エリザベツ　35,36
エリシヤ　78,79
エリヤ　26,96,97

〔お〕

蒼穹(おおぞら)　67
(永遠なる)おかげ　108
掟　107

〔か〕

我(が)
　—執　110
　—の力　27
害虫　104,105
戒律　58
科学　10,11,40,42
　—と宗教　40
　最大の—的発見　11
影の世界　115
我執の要求　110
金　64,133,135,136　→金銀
　—という巨人　147
　—の悪　133
　—の力　147
　—の奴隷　147
　—持　87
神　12,24,37,51,63,64,67,70,74,75,76,89,95,105,107,109,111,121,125,126,132,134,136,138,149
　—と人との真の関係　124
　—なる実体　13
　—なる法則　47
　—に感謝する心　109　→感謝
　—に全托　70
　—の愛(と御力、と義、する者)　87,119,126,147
　—の意志　89,145
　—の愛(いと)し子　149
　—の生命(いのち)　105
　—の叡智　99,144
　—の像(かたち)　131
　—の観念　25
　—の庫(くら)　95
　—の原型　24
　—の子(人間)　70,84,121,139,147,148,149,151
　(無限供給の)—の(愛の)心(の一面、の観念)　10,11,12,17,22,23,24,27,41,53,60,62,65,66,68,87,146
　—の言葉　65　→言葉
　—の実在　28
　—の執事　122
　—の実体　19
　—の住居　89
　—の聖霊　101　→聖霊
　—の世界　132
　—の創造　70

—の義(ただ)しき　108
—の智慧(と愛)　24,63,98,149
—の秩序　108
—の伝道者　119
—の噴泉　41
—の法則　41,49,53,94,100,104,123,135,149　→法則
—のみこころ(意志、御意、御心、法則)　37,42,48,49,52,59,67,68,70,74,89,96,102,111,122,125,130,140
—の(御)恵(み(お)めぐみ)　38,89,93,94,99
—の無限供給(の世界)　74,77,78,79,121　→無限供給
—の無限の富　87　→富
—の豊かさ　17
—の理念　30,70,86,132,150
—の霊　24
—の(恵みの)霊波　87,121
—は愛　54
—は「心」　133
—は善　49
—は法則　47　→法則
—を愛せよ　54
—を第一に置く者　64
第二義の化身の—　48
無限なる—の心　59,139
無限の供給源なる—　73　→無限供給
豊かなる—の恩恵　82
感覚
—人間の利己心　76
—のまどわし　77
環境は心の影　31　→心
感謝　83
—すること　84
—と称賛の言葉　124
—の念　83
神に—する心　109　→神
観念　68,131
富の—　73　→富
古き—　127

〔き〕

奇蹟　47
増殖の—　79　→奇蹟
旧約聖書　92
供給　→無限供給
—の源泉　102
神よりの—　102
無限の豊かなる—　139
キリスト　15,39,70,150,151　→イエス・キリスト
—教徒の義務　150
—教の基本原理　131
—信者　29
—の心　60
—の御教え　116
—(真理)の言葉(みな)　29
教会—教　115
金銀
神の約束し給う—　133
霊的な—　133
金権　147
金銭　14

〔く〕

苦行　85
具象力　46
功徳　97,110

〔け〕

経済
—難　48
—問題　24
新しき—学　1,10
蓄積の—　120
逼迫の—　120
古き—学　10
啓示　116
契約の地　58
ゲーテ　61

貧窮(ケチ)の想念　73
結果の世界　115
欠乏
　—の想い　143
　(古き)—の観念　126,139
献金　95,96,108　→什一
　—者　95
　自由(意志)—制度　2,117,123
　信仰に於ける—　98　→信仰
現在意識　13,25,144,145
現象　17,25,34,40,116　→あらわれ
　—界(の法則)　11,18
　—世界　61
　—と実相　67
　—にとらわれている心　15
　—の心　22
　—の生滅起伏　66
　あらゆる—　47
原理　37,46

〔こ〕

工業家　86
肯定　58
業の自壊作用　51
幸福
　個人の—を決定するもの　99
　真の—(と成功)　16,78
五官　38
五感　13,37,38
　—の心　60
　—のまどわし　76
　—の迷妄　3
心　40,46,133　→神
　—の意志の働き　62　→意志
　—の化学変化　62
　(環境は)—の影　31,141
　—の慣性　17
　—の力　17,77
　—の法則　23,25,114　→法則
　—を癒す方法　123
　与える—　96
　宇宙の—　22　→宇宙
　奪う—　16
　恐れる—　109
　欠乏を恐怖する—　41　→欠乏
　限定する—　109
　増殖を受ける—　79　→増殖
　想像(創造)する—　76
　退蔵の—　135
　「断えざる努力」の—　26
　掴む—　109
　同情されたい—　56
　富の—　72　→富
　富む—　26　→富
　本当にある—　22
　貪りの—　123
　物に頼る—　40
　豊かな(る)—　53,78
　世に勝つ—　72
　利己主義の—　73　→利己主義
　霊の—　60　→霊
言葉　12,28,39,65,83
　—の力　28,90,121
　明るい—　82
　神の(口より出ずる)—　65　→神
　感謝と称賛の—　124　→感謝
　真理の—　90,124,149　→真理
　想念と—　116　→想念
　断定的な—　90
　繁栄の—　90　→繁栄
　よき—と想念　83　→想念
コペルニカスの地動説　3　→地動説
ゴリアテ　147,148
コリント後書　95

〔さ〕

ザカリヤ　35,36
ささげもの(捧物、捧げ物、ささげ物)
　　93,96,97,99,101,102,107
　—の真の意味　99
　—の制度　99
　愛の—　100
捧げる人の精神(こころ)　97
サタン　76　→悪魔

サムエル前書　147

〔し〕

死　116
自我　118
　―心　117
　―的な心　16
　―的な(の)目的　16
自己処罰　51
(ゆがめられた)自己満足の情　56
自然界　130
実業
　―界　111
　―の真の基礎　114
実在
　心的―　47
　普遍なる―　46
実相　124
　―身　70
　―と現象との判別　68
　―人間　62,70
　―の円相　69
　―の豊かさ　66
　―の吾　22
　超越的な―界　124
自由意志　48,99
什一　101　→献金
　―献金(の原理(と方法)、の法則)
　　2,91,92,93,94,100,101,102,103,104,
　　105,106,107,108,109
　―税(納入者)　101,108
宗教　114
　あらゆる時代の―　99
　真の―　40
十二弟子　116
十分の一(の収入、の金額)
100,107,109
祝福　83
守銭奴　138
商人　106
商売　119
所有欲　117
進化　53
信仰　34,35,36,40,132
　―(の)実体　35
　―に於ける献金　98　→献金
　―の言葉　12　→言葉
　―の力　36
　―の働き　35
　生きた―　37
　神は無限であるという―　39
新興物理学　11
真象　35,46
人生の真の目的　131
神想観　27,32,38,42,60,74
神罰　51
神物　15
申命記　127
新約聖書　97
真理　149
　―の言葉(の本性)　124,148,149
　→言葉
　―の認識　147
　根本―　15,42

〔す〕

数学の法則　23　→法則
スーパー・コンシャス・マインド(超越心)　144　→超越心
救い主　60

〔せ〕

正義　118
　―と公平(との観念)　119
成功(とは)　118
聖書　63,147　→バイブル
精神
　―化学　46
　―治療家　123
　奪う―　1
生長の家　1
清貧　56

生命
(創造的な、普遍なる、無限の)一原理
58,105 →無限
一の実体 19
神の一 105 →神
すべてのものの一 106
吾々の一 100
『生命の實相』の万教帰一篇 67
聖霊 35,48,120,145
内なる一 78
神の一 101 →神
善 49
一行 110
一念 144
絶対一 68
無限の一 50 →無限
先覚者 30
潜在意識 13,55,56,87,145
人類の一 118,119,121
全能者の御手 31

〔そ〕

創化の原型 12
増殖
一の奇蹟 79 →奇蹟
一の原理 37
一を受ける心 79
創世記 67,70,75,131
想像 62
一作用 62
一力(創造力) 76
創造
一(の)原理 23,54
一者 78
相対性原理 3
想念 12,28,74,144
一と言葉 116 →言葉
一の力 17
一を造構する力 124
明るい真理の一 117
悪しき一 144
誤った一 116
破壊的な一 117
否定的な一 140
不足の一 139
豊かさの一 56
よ(良)き一 144,146
よき言葉と一 83 →言葉
霊的一 55 →霊
「吾富めり」という一 55
「吾貧乏なり」という一 55
素朴な生活 85
ソロモン(王) 27,63

〔た〕

大覚者 29
体験世界 125
宝の庫(くら) 95
「貯え」という概念 130
正しき秩序 48
ダビデ(少年) 55,147,148
一という言葉 147
魂
一の感受力 36
一の認識力 36
一の発達(デベロップメント) 61

〔ち〕

地 61
一の富 137 →富
智 23
一慧と愛(との原理) 24
父の心 60
地動説 3
超越
一意識 25,145
一心 144,145
→スーパー・コンシャス・マインド

〔つ〕

包み　50
罪　50

〔て〕

ディオゲネス　134
天　61
　(内心の)―の庫(くら)　137
　―地一切の者との和解　87
　―の父　28
天国　11,14,15,42,145
天使　35,92

〔と〕

富(とは)　12,15,16,19,30,72,85,131
　―と豊かさの種　84
　―の意識　53
　―の果実　56
　―の観念　12,64　→観念
　―の源泉　136
　―の心　72　→心
　―の植物　56
　―の想念　73
　―の不平等　15
　―の雰囲気　72
　永続的な―　24
　高貴な―　16
　真の―　72
　精神的な―　15
　外なる―　59
　無限の―　32
　豊かなる―　125
富む心　26　→心
取越苦労　27,140
取り得(どく)　123
貪欲　104,108,117,123
　―な(の)心　119,122

〔な〕

内心
　―の声　36
　―の野獣　76
ナオミ　55
ナザレ　150

〔に〕

肉
　―体の動物力　76
　―的な考え　147
　―の欲求　131
ニセモノとホンモノ　68
人間　34,131
　―(は)「神の子」　15,148
　―の心　25
　―の神性　99
　―の創造　34
　―は霊的実在　124　→霊的実在
　真の―　70
　本当の―　70

〔の〕

農夫　106,140

〔は〕

拝金思想　2,117
バイブル　58,133　→聖書
パウロ　95,98,117,119,133
初穂　102
繁栄　76,79,130
　―する家庭　89
　―という結果　115
　―と致富の原理　2
　―の祈り　43
　―の基礎　132
　―の言葉　90　→言葉

—の花　83
—の秘訣　102
—の法則　83,102,124,139　→法則
—(へ)の道　91,94
「—論」 2
永遠の—　1
大いなる—　78
真の—　85
無限の—　150
万教帰一宗教運動　1
万軍のエホバ　101　→エホバ
パンと魚　130
→五つのパンと二つの魚

〔ひ〕

被造物　132
否定　146
病気　48,76,116,122
貧窮(の想念)　150
貧者　14,15
貧想　73
貧乏(人)　76,82,85,87,89,123,149,150
—の観念　64
物的な—　150

〔ふ〕

(チャールズ・)フィルモア　1,2,10,11,12,14,19,22,25,28,29,34,35,36,37,39,43,58,145
富者　14,15,72,122,134,150
真の—　134,137
富想　68,73,74
フェリシテ人　148
不景気　135
不幸　116
父性　29
不調和　48
物質　11,40,65,68
—的想念　108
ブルジョア　3
プロレタリヤ　3

〔ほ〕

報恩(のまこと)　102
神に対する—　92
報謝
—金　109
本当の—　99
霊的—　99　→霊的報謝
法則　24,26,41,46,48,52,53,58,66,69,74,86,89,109,110,111,112,114,117,118
—の完成者　58
愛の—　123　→愛
相引く—　46
因果の—　47　→因果の法則
神の—　100,104,123,135,149　→神
高級なる—　104
肯定的な—　58
心の—　23　→心
什一献金の—　107　→什一献金
親和の—　46
数学の—　23　→数学の法則
内在—　115
繁栄の—　83,102,124,132,139
→繁栄
平衡の—　117,120
保存という神の—130
放蕩息子　50,51,52,137
—の譬(たとえ)　50
母性(ぼしょう)　29
ほめること　84

〔ま〕

貧しき者　122
マタイ伝　61
(預言者)マラキ　100,101
→予言者マラキ
—書　92,102

〔み〕

見えざる力　40
みこころ(法則、御意)　48,49,100
水　67
　上の━　67
　下の━　67,68

〔む〕

無　11
　━我　15
　━の渦巻　10
報い　93,110,122
　有難い━　93
　良き━　93
無限　51
　(真の)━(の)供給　1,16,17,24,38,43,54,60,69,73,96,97,101,112,122,136,149　→供給
　━供給の黄金律　1
　━供給の鍵　60
　━供給の神の心　53
　━供給の観念　125,126
　━供給の経済　120
　━供給の源泉　92
　━供給の原理　10,108
　━供給の貯蔵庫　84
　━供給の通路　110
　━供給の本源　67
　━供給のマグネット　133
　━供給を受ける鍵　38
　━供給を支配する法則　57
　━者　80
　━生長の原理　105
　━の可能性　132
　━の供給源なる神　73
　━の供給の源泉　120
　━の生命(原理)　105　→生命原理
　━の善　50　→善
　━の豊かさ　80
　内在の━力　60

〔め〕

瞑想　36,144

〔も〕

モーゼ　42,58,77
黙想(の時間)　27,144
持越苦労　27
有てる者　53
物　12,65,68,133
　━の世界　115

〔や〕

ヤコブ　92
病　123　→病気

〔ゆ〕

唯物
　━観　146
　━思想　2
ユートピア　18
ユダヤ人達　100
(米国)ユニティ(協会)　1,2,10,123
夢　24

〔よ〕

預言者マラキ　100　→マラキ
ヨシュア　58
ヨハネ　35
ヨブ　13

〔ら〕

礼拝(らいはい)儀式　99
ラザロ　28

ラビ(教法師)　150

〔り〕

利己
　—主義(者達)　101,104
　—主義の心　73
　—主義の人間　104
　—心　73
理想世界　68
理念　46,133
　純粋—　61
倫理学　114

〔る〕

ルカ伝　35
ルツ　55
　—記　54,55

〔れ〕

霊　40,119,133
　—界　23
　—智心　21
　—的観念　54,55
　—的啓示　35
　—的高揚　39
　—的実在　42
　—的実体　9,11,12,13,16,17,18,19,24,27,28,40,42,83,106,135,136,139
　—的生命　39
　—的世界　124
　—的想念　55　→想念
　—的(な)力　17,24,130
　—的な意識　86
　—的能力　39
　—的報謝の根本法則　99　→報謝
　—の心　60
　—の世界　132
　—の眼　146
　—力　120
　愛の心の—的実体　121
　宇宙の—　14
　神が全てのすべてであるという—的意識　39
　天の父の—的実体　46
　不可視なる—的実体　32
　普遍的—智心　60
列王記略下　79
憐愍　121,122,123

〔ろ〕

浪費　52,130
ローマの兵士達　150

〔わ〕

吾れ勝てり　72

祈りの言葉・聖書の言葉

与えよ、さらば与えられん　94

与える者は、より多く与えられ、今与えられている以上を求めて与えることをしない者は、欠乏をのみ味うのである。自由なる魂は肥え太るのである。水そそぐ者は、自らも水注がれるのである。　94

現象(あらわれ)をみて判断するな　115

イエス・キリストは、今、此処に於いて、吾(われ)を助け給い、神があらゆる処(ところ)に在(いま)し給い、すべてを用意し給うという信仰に吾(われ)を高め給い、かくて吾が繁栄は確保されるのである。吾(われ)は霊的実体があらゆるところに遍満し、吾が言葉によって益々豊かにあらわれることを確信するのである。　19

イエス賽銭箱に対(むか)いて坐し、群衆の銭を賽銭箱に投げ入るるを見給う。富める多くの者は、多く投げ入れしが、一人の貧しき寡婦(かふ)きたりて、レプタ二つを投げ入れたり、即ち五厘ほどなり。イエス弟子たちを呼び寄せて言い給う「まことに汝らに告ぐ、この貧しき寡婦(かふ)は、賽銭箱に投げ入るる凡(すべ)ての人よりも多く投げ入れたり。凡(すべ)ての者は、その豊なる内よりなげ入れ、この寡婦(かふ)は其の乏しき中より、凡(すべ)ての所有、即ち己が生命(いのち)の料(しろ)をことごとく投げ入れたればなり。　97

美しき眼をもつ者は祝福される、彼は貧しき者に自らのパンを与えるからである。　94

神蒼穹(おおぞら)を作りて、蒼穹(おおぞら)の下の水と蒼穹(おおぞら)の上の水とを判(わか)ちたまえり、即ち斯(か)くなりぬ。神蒼穹(おおぞら)を天と名(なづ)けたまえり、夕(ゆうべ)あり朝(あした)ありき是(これ)二日(ふつか)なり　67

各人(おのおの)その得る所にしたがいて　98

凡(およ)そ汝が地にて縛(つな)ぐ所は、天にても縛(つな)ぎ、地にて解く所は天にても解とくなり。　145

金を愛するは凡(あら)ゆる種類の悪の根源なり　133

神に象(かたど)りて神の像(かたち)のごとくに神(かみ)人を造り給い　70

神の愛が私を通してあなたを祝福しあなたの富を無限に増殖し給うのである。　126

神の愛は、私に必要なものを、ゆたかに供給し給い、益々増加せしめ給うのである。　88

神の国を求めよ、その余のものは汝らに加えらるべし。　30

神のもち給うすべてを吾(われ)もうけつぐなり　77

神の霊は今日もまた吾(われ)に臨み給いて、吾が道を成功と繁栄とに導き給う。　42

神は今日もまた吾(われ)を導き給い守り給う。　42

神は六日にして天地及び衆群(すべてのもの)を創造(つく)り給い、第七日に神其(その)造りたる工(わざ)を竣(おえ)たまうた　67

神は喜びて与うる者を愛し給う。　127

神は吾が無限供給の源泉であり給い、神の子達にあらゆるものを用意し給うている　150

神光あれと言い給いければ光ありき　67

神を愛せよ　54

乾ける土顕わるべし　68

言(ことば)は霊なり生命(いのち)なり過ぎ去る事なし　89

是(これ)みな異邦人の切に求むる所なり。汝らの天の父は此等(これら)の物のなんじらに必要なるを知り給うなり。まず神の国と神の義とを求めよ。然(さ)らば凡(すべ)て此等の物は汝らに加えらるべし。　134

信じたる者の群(むれ)は、おなじ心おなじ思(おもい)となり、誰一人その所有(もちもの)を己が物と謂わず、凡(すべ)ての物を共にせり。　117

少くともあなたが私の兄弟同胞の一人にして下さったことは、即ち私にして下さった事である　110

すべて汝らが地にて縛(つな)ぐ所は天にても縛(つな)ぎ、地にて解く所は天にても解くなり。　61

凡(すべ)ての人、食(くら)いて飽く、裂きたる余(あまり)を集めしに十二の筐(かご)に満ちたり。　130

全てのよきものはみな神より来る　100

全能者は汝のまもりとならん、汝は多くの銀をもつべし。　13

其桶(そのおけ)の粉は竭(つき)ず、其瓶(そのびん)の油は絶えず。　97

天国は海におろして、各種(さまざま)のものを集むる網のごとし。充つれば岸にひきあげ、生(いか)して良きものを器に入れ、悪しきものを棄つるなり。　144

乏しく播く者は乏しく刈り穫るなり、豊かに播く者は亦豊かに刈り穫るなり。　140

富める者の天国に入(い)る事(こと)の難きこと(は、)駱駝(らくだ)の針の孔(あな)を通るが如し　14, 64

汝に在(いま)すキリスト、栄光の望み　62

汝の霊(たましい)と、汝の収入(みいり)の初穂をもって神をばほめまつれ。かくて汝の穀庫(くら)は豊かに満ち、汝の大桶(たる)は新しき酒にあふれん。　92

なんじ万(よろず)の物の豊饒(ゆたか)なる中にて、心に歓び楽みて汝の神エホバに事(つか)えざるに因り、飢え渇きかつ裸になり万(よろず)の物に乏しくして…… 127

汝ら凡(あら)ゆる国々に行きて、凡(すべ)ての人に福音をのべつたえよ。 116

汝ら主なる汝の神を愛すべし 58

汝らの心を新たならしむることにより、汝らを変えよ 117

汝らの言葉により汝らは義とせられ、汝らの言葉により汝らは罪せられん 116

人に与えよ、然(さ)らば汝らも与えられん 114

人に与えよ、然(さ)らば汝らも与えられん。人は量(はかり)をよくし、押し入れ、揺り入れ、溢るるまでにして、汝らの懐中(ふところ)に入れん。(汝等らおのが量る量(はかり)にて量らるべし。) 93, 111

人は播きしものを何物にても刈り穫るなり。 140

一週(ひとまわり)の首(はじめ)の日ごとに、各人(おのおの)その得る所にしたがいて己が家に貯え置け、これ我が到らんとき始めて寄附を集むる事なからん為なり。 95

不可視なる霊的実体は、吾が豊かなる想念のままに創造(つく)り固められ、吾が心は豊かにして、吾が環境もまた豊かである。 32

法則はかならず成就する 112

法則を完成するものは愛である 59

もし神我とともにいまし、此(この)わがゆく途(みち)にて我をまもり食うパンと衣(き)る衣を我にあたえ、我をしてわが父の家に安然(やすらか)に帰ることを得せしめたまわば、主の神をわが神となさん。又わが柱にたてたる此石(このいし)を神の家となさん。又汝がわれにたまう物は皆かならず其(その)十分の一を汝にささげん。 92

有てる者は更に与えられ、彼は富める者とならん。 53

豊かなる水の傍らに播く者は幸福(さいわい)なるかな。 94

豊かに播く者は、豊かに刈り穫るのである。 94

吾が口より出ずる言葉と、吾が心の想念をして、神の御意(みこころ)たらしめ給え、おお、吾が巌(いわお)にして吾が救い主なる神よ。 42

我が言葉は霊なり生命なり 39

我が父は今に到るも働き給う、されば我も働くなり 70

吾がなすは正義である。何となれば父なる神は神の子にあらゆる自由を与え給い、あらゆるものを供給し給う神の権利を与え給うているからである。 149

わが殿(みや)に食物あらしめんために、汝ら什一をすべて我倉にたずさえきたれ。

而(しか)して是(これ)をもて我を試み、わが天の窓をひらきて容(い)るべきところなき迄に恩沢(めぐみ)を汝らにそそぐや否やを見るべし、万軍のエホバこれを言う。我また噬食(かみくら)う者をなんじらの為に抑えて、なんじらの地の産物をやぶらざらしめん。又なんじらの葡萄の樹をして時のいたらざる前にその実を圃(はたけ)におとさざらしめん。万軍のエホバこれをいう。又万国の人なんじらを幸福なる者ととなえん。そは汝ら楽しき地となるべければなり、万軍のエホバこれをいう。　101

私自身の心の中にも又他のすべての人々の心の中にも、私のものが自分自身の力によって得られたとの考えを描かない。吾がもちものは、神の法則のまにまに来るのであり、私は真理を悟るが故に来るものすべてを歓迎するのである。　149

私は神の御意(みこころ)を為すことによって成功せんと決意したのである。　89

私は決して失望落胆しないのである。私は辛抱強いのである。私はあくまでも前進するのである。　88

私は秩序正しいのである。私は秩序正しい。私はあらゆる仕事を組織立ってなすのである。私は組織的である。私は秩序正しい。私は能率的である。　88

吾(われ)神の子なり　77

吾(われ)神の子にして無限の富の世嗣(よつぎ)なり　54

吾(われ)富めり　55

我にかえれ、われ亦(また)なんじらに帰らん。　93

吾(われ)はあらゆる事態に処して繁栄の聖霊の遍在し給うを信ず。吾(われ)は神の在(いま)し給うを信じ、神を求むる者に報い給うを信ずるが故に、神と吾(われ)とは一体なり。　43

吾(われ)はおんみを絶対なる吾が供給源なりと信じ、おんみの吾(われ)を繁栄せしめ給うことを信ず。　43

吾(われ)は神があらゆることに遍満する無限の供給者なることを信ずるが故に、吾(われ)は常に満されているのである。　43

吾(われ)は神の愛(いと)し子である。神は吾が正しき言葉として吾(われ)と共に在(いま)し給う。真理の言葉を発すればすべてが成就するのである。　149

吾(われ)は神の子也(なり)、無限の富者也(なり)　53

吾(われ)は強力なる不動なる霊的実体なり　18

吾(われ)は絶対善の子である。神は善であり、従って吾(われ)は善である。吾が生活にあらわれるすべてのものは善である。しかして吾(われ)は善のみを有つのである。　49

吾(われ)は何ものをも利己的には所有しない。しかもありとしあらゆるものは、私のもので私の利用すべきものであり、神の智慧をもって他人に賦与すべきものである。　149

14　祈りの言葉・聖書の言葉

吾(われ)は繁栄する　90

吾(われ)は貧乏を恐れない。吾(われ)は何者にも負債を負わない。吾が富者なる「父」は吾(われ)にあらゆる宝をそそぎ給い、吾(われ)は無限の供給の強力なる通路である。　149

吾(われ)は迷わない。過去の古き観念は間違いであって、それは無である。それは吾(われ)に何らの力も及ぼさない。吾(われ)は永久にかく信ず——神は愛にして、吾(われ)に無限の供給を与え給う実体である。　54

吾(われ)は無限の全能者を信ず。吾(われ)は断じて明日をも、また一分後の未来をも心配しない。吾(われ)は神が神の御意(みこころ)を成就する用意を完備し給うていることを知る、しかして吾(われ)はその神の御意(みこころ)そのものである。　69